Testimonios

Pastores Rob Longmire y Karen Longmire
Destiny Worship Center, Freeport, Florida

La Biblia dice: *"Mi gracia es suficiente para ti, porque mi poder se perfecciona en la debilidad."* (2 Corintios 12:9)

El 1 de mayo de 2013 todo lo suficiente se convirtió en una fuerza vital para Ivette Vásquez. Veríamos esto desarrollarse en nuestro asiento de primera fila ante esta tragedia rodeada de gracia. Nos sentimos honrados y privilegiados de haber caminado junto a Ivette mientras ella enfrentaba la mayor angustia de una madre.

Vimos cómo se mantuvo firme en su fe en Jesús a través de los innumerables informes negativos del personal médico sobre su esposo. Estamos cambiados para siempre por todo lo que vimos que Dios hizo durante esa tragedia no imaginable y por la fuerza de la mujer que está caminándola.

Apreciamos nuestro tiempo manejando hacia y desde el hospital y las citas médicas escuchando todo lo que Ivette compartió con nosotros de las increíbles revelaciones y aliento que recibió de Dios y los recuerdos de Abigail. Nuestra hija Bethany era amiga íntima de Abigail y su vida fue tocada y animada al conocer a la dulce Abigail.

Te amamos, Ivette, y siempre lo haremos. Hay personas en tu vida por una temporada y otras por toda la vida. Ivette y su familia son personas de por vida para nuestra familia. ¡Este libro será una bendición para todos aquellos que lo lean!

Linda Huber
Mi mejor amiga por más de diez años

Ivette es la persona más valiente que conozco. Su firme confianza en el Señor y su bondad frente a la tragedia y el dolor han sido un testimonio de gran fe para mí y para muchos otros.

Ser amiga de Ivette, Johnny y su familia me ha dado el privilegio de experimentar la vida con ellos durante algunos de sus días más difíciles, pero también días de gran victoria.

Estoy continuamente sorprendida por la fuerza que se levanta en Ivette cuando se enfrenta a desafíos y circunstancias fuera de su control. Me encanta que ella elije aferrarse al Señor y sus promesas para ella y su familia.

No puedo esperar a ver todo lo que Dios puso en su corazón en fruición. Ella misma te dirá esto: "Lo que el enemigo significaba para el mal, Dios lo usará para el bien."

Candy Bertrand
Mi amiga por más de diez años y líder del grupo de la iglesia

Durante más de diez años he tenido el privilegio y el honor de conocer a Ivette y tener una hermosa amistad con ella. Qué experiencia tan extraordinaria ha sido ver la luz de Ivette brillar y ser testigo de su fuerte compromiso con el Señor mientras atravesaba tal adversidad. Mientras lees su historia, creo que verás estas cosas maravillosas también.

Melissa D'Anouy
Mi amiga por más de diez años y consejera The Kitchen Table Counseling & Life Coaching Services, Lafayette, Louisiana

Ivette es una mujer de gran fortaleza. Tuve el privilegio de ser una de las mujeres que la acompañaron durante esta temporada de gran pérdida y tragedia en su familia. Ella fue un ejemplo de fe que no solo me bendijo, sino que me animó y desafió en mi caminar con Cristo. Hay pocas mujeres que yo conozco que hayan caminado por este camino de la forma en que ella lo hizo: real, transparente, pero fuerte en el Señor. Ella nunca se dio por vencida; en su noche más oscura, mantuvo sus ojos y su corazón fijos en Jesús.

Belleza en la Tormenta

*Encontrar la Paz en la Tragedia
Inesperada de la Vida*

Ivette Vásquez

WestBow
PRESS®
A DIVISION OF THOMAS NELSON
& ZONDERVAN

Derechos reservados © 2018 Ivette Vásquez.

Todos los derechos reservados. Ninguna parte de este libro puede ser reproducida por cualquier medio, gráfico, electrónico o mecánico, incluyendo fotocopias, grabación o por cualquier sistema de almacenamiento y recuperación de información sin el permiso por escrito del editor excepto en el caso de citas breves en artículos y reseñas críticas.

Puede hacer pedidos de libros de WestBow Press en librerías o poniéndose en contacto con:

WestBow Press
A Division of Thomas Nelson & Zondervan
1663 Liberty Drive
Bloomington, IN 47403
www.westbowpress.com
1 (866) 928-1240

Debido a la naturaleza dinámica de Internet, cualquier dirección web o enlace contenido en este libro puede haber cambiado desde su publicación y puede que ya no sea válido. Las opiniones expresadas en esta obra son exclusivamente del autor y no reflejan necesariamente las opiniones del editor quien, por este medio, renuncia a cualquier responsabilidad sobre ellas.

ISBN: 978-1-9736-3681-6 (tapa blanda)
ISBN: 978-1-9736-3683-0 (tapa dura)
ISBN: 978-1-9736-3682-3 (libro electrónico)

Número de Control de la Biblioteca del Congreso: 2018909763

Las personas que aparecen en las imágenes de archivo proporcionadas por Getty Images son modelos. Este tipo de imágenes se utilizan únicamente con fines ilustrativos.
Ciertas imágenes de archivo © Getty Images.

Información sobre impresión disponible en la última página.

Fecha de revisión de WestBow Press: 11/08/2018

Contenido

Testimonios i
Una nota de mami vii
Introducción ix
Chapter 1 Mi Familia... 1
Chapter 2 Al Revés 15
Chapter 3 Dejar ir 29
Chapter 4 Nueva Normalidad 41
Chapter 5 Peleemos 49
Chapter 6 Reconstruir 65
Chapter 7 Estar quieto 77
El poema de Abigail 95
Fotos de Familia 97
Epílogo 103
Reconocimiento 105
Por favor comparte 107

Una nota de mami

Querida Abigail,

    Siempre hablamos de que tú ibas a ser la autora de la familia. Querías escribir tantos libros y viajar por el mundo. Gracias por confiar en mí lo suficiente como para pasarme tu batuta. Te extrañamos mucho. Todos los días vemos tu foto y hablamos de ti. Eres el hilo constante que atraviesa el tejido de nuestros pensamientos.

    Gracias por amar al Señor con todo tu corazón. Cuando me enteré de tus últimas palabras, me alegré al saber cuánto amabas al Señor. Como madre, me da mucha paz saber que nos veremos de nuevo. Esto es mucho más importante que cualquier cosa que haga en mi vida. Esta esperanza me da la fuerza que necesito diariamente para seguir adelante.

    Todos estamos muy felices de que estés en el cielo con el Padre. El primero te amó y luego te confió a nosotros. Ahora Él te ha llamado a casa. Nuestro objetivo es pasar la eternidad en el cielo. Gracias por el estímulo en mis sueños y en mi lugar seguro. Dejaste un gran legado, y por eso, tu familia es bendecida. Dejaste una historia increíble para que tus hermanos la vean como ejemplo y la compartan.

Debido a todo lo que le ha sucedido a nuestra familia, tenemos una nueva perspectiva de la vida. Es hermoso ahora, y las cosas son simples. Todos te queremos mucho y te recordamos con sonrisas. Todavía recuerdo lo que me decías: "La vida es hermosa, Mami; vístete en ocasión." Lo más importante es que te veré de nuevo. Este no es el fin.

Con mucho amor,

Mami

Introducción

Este libro es mi historia acerca de la gloria de Dios. Pasé por una gran tragedia familiar, pero en mi hora más oscura corrí hacia mi Padre celestial. Él continúa restaurando a mi familia. Tanto le sucedió a mi familia que no puedo escribir todo en un solo libro. Dios nos ha bendecido tremendamente.

Esta será mi base para otros libros que seguirán. Tendremos un libro sobre Abigail donde discutiremos más detalles, sueños y visiones. Habrá más para seguir, pero esta es la roca de todos. Espero que nuestra historia te toque. Oramos para que te animes y desees compartir nuestra historia con otros. Hay muchas personas que necesitan a Jesús y este libro puede ser una herramienta solo para eso.

Quiero agradecer a todos en nuestra familia, nuestra familia espiritual, amigos y la comunidad por salir y cubrirnos con su amor. Definitivamente no hubiéramos podido hacer muchas cosas sin todos ustedes.

Un agradecimiento especial a mi hijo Elías, por ayudarme con papá, sus hermanos y la casa. A mi hija Zoeí, por entretenernos en cada paso del camino. Ella ha tomado la iniciativa de ayudar también con cualquier cosa que surja. Para mi bebé, Legend, gracias por ser la alegría en nuestras vidas.

Finalmente, guardé lo mejor para el final... mi esposo, por ser comprensivo y saber que queremos lo mejor para él. Tuvimos muchos momentos locos, y él siempre me animó a pensar que mañana sería mejor. Él es un hombre increíble. Él ha mantenido buen espíritu a través de todo esto.

Gracias, Señor, por hacer todo esto posible.

Capítulo 1

Mi Familia

Su poema

Habían pasado semanas desde que mi vida cambió y como me embargaron las emociones comencé a buscar mi diario para escribir mis sentimientos. Lo encontré y cuando lo abrí cayó una hoja de papel. Era un poema que mi hija Abigail había escrito para mí.

Cuando lo leí, lo vi en una luz diferente. Era como si ella supiera. Tenía matices proféticos y hablaba volúmenes esa mañana.

Mi esposo y yo pasamos por muchas tormentas antes, pero esta fue la más difícil. El día que nos conocimos, supe que nada nos separaría.

Ivette Vásquez

Johnny

En la primavera de 1993 Johnny estaba en su primera estación de servicio en Fort Polk, Louisiana. Él estaba en el ejército, como mi padrastro. Mi familia vivió allí durante aproximadamente un año antes de conocernos con Johnny en una pequeña iglesia. Mi madre me había enseñado a saludar siempre a los nuevos visitantes con una bendición. Johnny era nuevo en nuestra iglesia así que fui a saludarlo y le dije: "Dios te bendiga."

Él respondió: "No estornudé."

No pensé que fuera gracioso, pero él era lindo. Se hizo cercano con mi padrastro y comenzó a venir a mi casa con frecuencia. Oh, es astuto, pensé. Después de un tiempo, comenzamos a salir y nos enamoramos.

Nuestra relación fue intermitente durante un par de años. No fue fácil, pero estábamos destinados a estar juntos. En el otoño de 1996, nuestro Pastor, Sidney Morales, nos casó en una capilla militar. Pasamos nuestros primeros dos años de matrimonio en Corea del Sur. Fue la única gira de Johnny en el extranjero. Allí aprendimos a depender el uno al otro y crecer juntos como pareja.

Familia en crecimiento

Poco después de que volvimos a los Estados Unidos, descubrí que estaba esperando mi primer bebé. Estábamos entusiasmados con este nuevo capítulo de nuestra vida. No fue fácil averiguar el sexo porque cada vez que teníamos una visita de ultrasonido, el doctor no nos lo podía decir.

Un día fuimos a un chequeo de rutina cerca de mi fecha de parto, pero para nuestra sorpresa, me dijeron que era hora de dar a luz para evitar complicaciones. Johnny estuvo a mi lado durante varias horas de trabajo de parto. Apenas di a luz pregunté: "¿Es un niño o una niña?"

El médico respondió: "Es una niña."

Johnny la llamó Abigail, que en hebreo significa alegría para el padre, porque le daría mucha alegría a su padre. Inmediatamente, Johnny la levantó y la dedicó al Señor.

Cuatro años después nació Elías. Finalmente ¡fue genial tener un hijo agregado a nuestra familia! Dios había respondido mi oración y tenía un pequeño hombre corriendo por la casa. Lo llamé mi predicador. ¡Abigail estaba tan emocionada de tener un hermano pequeño como compañero de juegos! Nos sentimos bendecidos de tener una niña y un niño. "¿Tendremos más?", pensábamos.

Pero no terminamos allí, nuestra familia siguió creciendo y cinco años después Zoeí se unió a la cuadrilla. Ella trajo gozo a nuestras vidas. ¡Si pudiera embotellar su energía! Johnny dijo: "Zoeí, la vida como Dios la da." Este es el significado de su nombre. Había elegido su nombre dos años antes de que ella naciera.

Cinco años después Legend llegó cuando más lo necesitábamos. Fue inesperado, pero Dios sabe lo que hace. Dios respondió la oración de Elías de tener un hermanito para los juegos más fuertes. Legend sabe jugar duro y Elías tenía los moretones para demostrarlo. Pero nunca lo sabrías porque Legend siempre ha sido un amor. Él nos trajo alegría en nuestro tiempo más oscuro.

Este es el equipo Vásquez.

Nuestra fe

Ser cristiano es la parte más integral de nuestra historia. Sin fe y confianza en el Señor, no hay manera de que alguien pueda realmente sobrevivir en esta vida. Los roles que jugamos son los que el Señor usó para equiparnos para el futuro.

Durante nuestros años familiares, siempre hemos sido activos en nuestra fe cristiana en el hogar y en la iglesia. Mi esposo era diácono, pastor de jóvenes, líder de adoración, miembro del coro, administrador de la iglesia y pastor de niños voluntarios y yo ayudé a mi esposo en todos los papeles que él había desempeñado. También fui parte del personal en la administración de diferentes ministerios.

Como todas las familias, tuvimos nuestras peleas, lágrimas y angustias. Al final, nos trajeron perdón, alegría y fuerza. Les enseñamos a nuestros hijos a ser fieles a quienes son y siempre poner a Dios primero.

Mudanza a la ciudad

Después de que Johnny dejara el ejército, compramos nuestra primera casa en un pequeño pueblo cercano llamado Rosepine. Era una vida tranquila en el campo. Mientras vivía en nuestro primer hogar, Johnny obtuvo dos títulos de asociado: uno en sistemas de oficina y otro en contabilidad.

Durante muchos años el Pastor Sídney fue nuestro mentor y amigo y un día le pidió a Johnny que se reuniera con él en Lafayette para ayudar en una iglesia hispana que había comenzado. Johnny sintió que era hora de que nos moviéramos y usáramos sus habilidades en el ministerio.

En la primavera de 2002 nos mudamos a Lafayette para comenzar un nuevo capítulo en nuestra vida. Lástima que nuestra casa no pudo hacer el viaje con nosotros. Me encantaba nuestra pequeña casa.

Allí fue donde Abigail se convirtió en una hermosa jovencita. Pero estábamos emocionados de estar en el ministerio. Honestamente, estaba buscando más ciudad que campo. Lafayette tiene la mezcla correcta de ambos.

Our Savior's Church, esta es mi iglesia

Unos tres años más tarde Johnny sintió que era hora de unirse a la Our Savior's Church. Hablamos con el Pastor Sídney sobre nuestros sentimientos y él nos dio su bendición. Antes de irnos, Johnny habló a la congregación para decir adiós. Lloramos y abrazamos a muchos de ellos. Aún hoy nos mantenemos en contacto con el Pastor Sídney como mentor y amigo.

En el otoño de 2004 fuimos a nuestro primer servicio oficial en la Our Savior's Church. Habíamos asistido como visitantes antes, pero ahora esta sería nuestra nueva iglesia. El Pastor Jacob Aranza era el Pastor principal. Sus mensajes semanales fueron prácticos e inspiradores. Nos encantó el ambiente y la gente, *se sentía como en casa.*

Mis hijos crecieron amando a nuestra familia y amigos espirituales. Al principio fuimos con la corriente y aprendimos cómo operaban. Sabíamos que la mayor bendición sobre ir a la iglesia era servir a los demás. Con el tiempo, nos moveríamos de los bancos a la acción.

En ese momento había dos campus para la iglesia. Uno estaba en la ciudad de Broussard y el otro estaba en Lafayette. Asistíamos regularmente al campus de Lafayette, pero después de un corto período nos pidieron que fuéramos voluntarios en el ministerio de niños.

Nuestra reacción fue divertida porque nunca consideramos el ministerio de los niños tan en serio como el ministerio juvenil. Estábamos acostumbrados a los adolescentes debido a los años que servimos como pastores de jóvenes. Nos dijeron que funcionaba igual. Íbamos hacer bendecidos.

Nos enamoramos de los niños de la Our Savior's Church. Este sería el lugar donde desarrollamos una relación con el Pastor Scott y Lessa Brantingham. Dios usaría esta increíble pareja en nuestra vida de una manera tan grande. Eran nuestros líderes y amigos. Con su guía, aprendimos cómo ser pastores infantiles divertidos y relevantes.

Después de algunos años compramos nuestra segunda casa en la ciudad de Breaux Bridge y comenzamos a asistir al campus de Broussard. Nos pidieron que fuéramos pastores voluntarios en el campus. Fue un gran honor servir.

Durante muchos años Johnny trabajó como empleado contable en una empresa de construcción.

Empecé a trabajar como asistente administrativa en el ministerio de niños después de llegar al campus en Broussard. Durante cinco años me encantó trabajar en el personal de la iglesia. Fue increíble ver cómo mi iglesia estaba comprometida con la excelencia en el servicio a nuestra comunidad.

Profecía

En cierta ocasión fuimos profetizados por un predicador visitante, quien nos dijo que tendríamos un testimonio que llegaría a muchos. Nos fuimos del servicio un poco desconcertados. No pudimos pensar en ningún testimonio que fuera tan impactante. Pensé que la profecía era sobre los eventos actuales, pero no sucedería durante varios años.

Después de varios meses en la Our Savior's Church, un pastor y profeta visitante también eligió profetizar sobre nosotros. La profecía se volvió muy importante en nuestra vida. Habló sobre nuestro pasado, nuestra situación actual y nuestro futuro. Este profeta dijo que Johnny tendría tres batallas sobre su destino, donde el enemigo mismo se pararía frente a nosotros para impedir su progreso. Las tres batallas marcarían nuestras vidas para siempre y en ellas el Señor haría lo imposible para nosotros.

Después de que el hombre de Dios terminó yo quedé llorando. Es importante que lo sepas porque vas a aprender sobre la batalla final que ha marcado nuestras vidas.

Zona de comodidad

Dios ha hecho un gran trabajo en nuestras vidas durante los años que hemos estado en la Our Savior's Church. Hemos madurado espiritualmente. Hemos aprendido que necesitamos otras personas en nuestras vidas. Los conocidos no son suficientes. Necesitábamos crecer y caminar juntos en esta vida.

Los grupos de vida de nuestra iglesia fueron una gran parte de nosotros. Aquí fue donde desarrollamos estas relaciones. Mis hijos aman a Dios y a la iglesia. Esto es muy importante para nosotros. Algunas familias luchan por llevar a sus hijos a la iglesia; mis hijos estarían enojados si no pudiéramos ir a la iglesia.

Nuestra vida era cómoda. Planeamos arreglar nuestra casa porque teníamos familiares de fuera del estado que nos visitarían y querían grandes reuniones en mi casa. A nuestros hijos les encantaba jugar afuera en los dos lotes que teníamos. Todo estaba muy bien. Nada podría ir mal, hasta que fue.

Ivette Vásquez

Grandes cambios

En el otoño de 2012, mi esposo llegó un día a casa del trabajo con una cena y una película para la familia. Todo parecía estar bien, pero en mi espíritu, sabía que algo estaba mal. Pensé: *¿Qué es lo que no me está diciendo?* Pregunté: "¿Está todo bien?"

Él me dio esa mirada y no respondió. *Lo sabía.*

Cuando fuimos a nuestra habitación me dijo que había perdido su trabajo. Quedó sorprendido por mi reacción. De hecho, estaba bien con eso. Sabía que ya no estaba feliz trabajando allí y era hora de un cambio. Habían pasado siete años y lentamente su chispa se había ido. Él necesitaba mi apoyo, no mi rechazo.

Al día siguiente les dimos a nuestros hijos la gran noticia de que papá estaría más en casa mientras buscaba trabajo. Al principio Abigail pensó que la gran noticia era que yo estaba embarazada. Fue divertido que ella dijera esas palabras porque en esos días me sentía rara.

Más tarde ese día, compramos algunas pruebas de embarazo, algunas porque Johnny no podía creer que estaba esperando nuestro próximo hijo. Después del shock estábamos entusiasmados con nuestro bebé que pronto sería. Dios hizo algo bueno y en los próximos meses lo veríamos desarrollarse.

Las cosas mejoraban

Mi esposo hizo algunos trabajos temporarios para mantener a la familia en marcha. Recolectó el desempleo por un tiempo, luego comenzó a trabajar en el nuevo año como preparador de impuestos. Trabajó tiempos extraños, pero ganó buen dinero. La temporada de impuestos se estaba acabando, y pronto estaría buscando un nuevo trabajo.

Una noche, mientras conducía a casa desde el trabajo, un amigo que era dueño de una empresa de construcción lo llamó para que trabajara para él. Johnny se reunió con él para resolver los detalles.

Su amigo estuvo de acuerdo con lo que Johnny pidió de sueldo y horario. Esta fue una gran noticia. Los ingresos nos dieron la oportunidad de salir de la deuda en la que habíamos caído debido a la pérdida de su trabajo. Además, tuvo tiempo de recoger a los niños de la escuela, ayudarlos con sus tareas y cocinar la cena. *Fue divino.*

Todos los años nos íbamos de vacaciones a *SeaWorld* . Este año no fue diferente porque su amigo fue lo suficientemente generoso como para darle a Johnny unas vacaciones pagas. Pasamos un tiempo tan increíble como una familia. Realmente necesitábamos este descanso después del estrés de encontrar un nuevo trabajo. Todo estaba mejorando nuevamente y pude ver que la chispa de Johnny volvió.

En abril de 2013 mi hermana vino a visitarnos desde Texas para pasar la Semana Santa con nosotros. Tuvimos una gran reunión. Tuve a mis tres hermanas, sus maridos y todos mis sobrinos en casa con nosotros. Nos divertimos mucho tomando fotos, comiendo juntos y jugando juegos familiares.

El siguiente fin de semana después de la Pascua, mi madre y su esposo vinieron a sorprendernos desde Oklahoma. Elías nos sorprendió en la iglesia al decidir bautizarse. Fue una bendición que la familia nos visitara después de no haberlos visto durante un año. Dios es muy bueno.

Tiempo de reflexión

Puedo ver cómo Dios se estaba moviendo durante esta temporada. Johnny pasó más tiempo con nosotros debido a su nuevo trabajo. Esto le dio la oportunidad de compensar todas las citas de papá e hija que le había prometido a Abigail.

Eliminamos la mayor parte de nuestra deuda.

Abigail escribió un hermoso poema sobre árboles especialmente para mí. Este es el mismo poema que mencioné anteriormente. Más tarde, ese mismo día, ella llegó a casa con una pintura de un árbol que pintó. Estaba tan emocionada de enseñármelo.

Incluso lo colgó en la pared de la sala de estar. La pintura y el poema todavía me alientan hoy.

Tuvimos visitas inesperadas de nuestra familia extendida. Por lo general, nuestras visitas se planean más adelante en el año, pero sin ninguna razón aparente, todas llegaron temprano ese año. Esto nos dio la oportunidad de estar juntos como familia por última vez antes de que mi mundo se volteara al revés.

Capítulo 2

Al Revés

Último día normal

El 1 de mayo de 2013 fue como todos los miércoles por la mañana. En dos días partiríamos para un viaje familiar especial a la playa para el cumpleaños catorce de Abigail. Johnny alquiló una casa en la playa durante el fin de semana para tener una pre-celebración. Llevaríamos a una de sus amigas para que se uniera a nosotros en el viaje. Todos estábamos de buen humor, especialmente Abigail.

Era mi octavo mes de embarazo de Legend y no me sentía bien. Desperté a mis hijos para que comenzaran su rutina en la mañana. Regresé a mi habitación para prepararme, pero de la nada, Johnny me dijo que descansara porque se estaba preparando para llevar a nuestros hijos a la escuela. Me sorprendió mucho porque era mi turno de llevarlos. Por lo general él no dejaba pasar sus días de descansar hasta tarde. Le pregunté: "¿Estás seguro?" y él dijo: "Sí, bebé, tengo esto."

Feliz salté a mi cama.

Abigail y Elías se vistieron e hicieron el desayuno para ellos y para Zoeí. Johnny me despertó para que cerrara la puerta antes de irse con los niños. Por alguna razón miré a Abigail mientras subía al automóvil. *Dios mío, ella es tan hermosa. Estoy muy orgullosa de ella.* Esta sería la última vez que vería a mi familia junta.

Palabras que nunca hubiera querido escuchar

Solo quedamos Zoeí y yo en la casa. Ella estaba comiendo el desayuno que Abigail había hecho. Era una feliz niña de cuatro años. Terminé haciendo un par de cosas en la casa. Luego le dije a Zoeí: "Voy a comer cereal esta mañana." Mientras estaba comiendo, recibí la llamada.

Debido a nuestra relación de muchos años con la iglesia de niños, el Pastor Scott Brantingham era uno de los contactos de emergencia de nuestra escuela. Él me dijo: "Ivette, han estado tratando de llamarte para decirte que Abigail está en el *Lafayette General* [hospital], algo sobre su pierna."

Respondí: "Está bien, estoy en camino." Desde la caída de mi teléfono celular la noche anterior, no había funcionado bien. Podía hacer llamadas, pero solo recibí algunas y además de eso, perdí todos mis contactos.

Al principio no pensé que algo grave le hubiera sucedido a Abigail. *Tal vez tuvo una mala caída y como no me pudieron localizar, la llevaron al hospital.* Estaba preocupada, pero pensé que todo estaría bien. *No puede ser muy serio.*

Cuando estaba preparando a Zoeí para salir recibí mi segunda llamada telefónica. Esta vez, fue mi mejor amiga, Linda Huber; ella también estaba en la lista de contactos de emergencia de la escuela. Ella dijo que Elías estaba en emergencias de *Nuestra Señora de Lourdes*. Él estaba bien y ella iba a ir al hospital. Me detuve y pensé, *¿qué está pasando?* Tenía un nudo en el estómago. Mi corazón comenzó a latir muy rápido. Inmediatamente llamé a Johnny, pero no hubo respuesta. Le dejé tantos mensajes sobre la situación de los niños.

Finalmente recibí una tercera llamada telefónica de mi hermana Delia. Ella dijo: "Sayi [mi apodo], recibí una llamada telefónica que los niños no llegaron a la escuela esta mañana. Ha habido un accidente automovilístico. Johnny y EJ [el apodo de Elías] están en *Nuestra Señora de Lourdes*. Estoy en camino hacia allá. Deberías ir a ver a Abigail porque está en otro hospital, *Lafayette General*."

En piloto automático

Ni siquiera sé cómo me vestí. Como perdí todos mis contactos, devolví la última llamada del Pastor Scott. Dije desesperadamente: "Hubo un accidente. Johnny y los niños están en diferentes hospitales. No tengo ningún contacto, estoy temblando. No puedo conducir necesito que alguien me recoja y me lleve con Abigail."

Él dijo: "Me ocuparé de todo."

Un momento después llamó para decirme que mi amiga Christina venía a buscarme. Ella vivía muy cerca. Miré a Zoeí y pensé, *no quiero que se preocupe... necesito mantenerme tranquila.* Le puse su *Nintendo*, juegos y todo lo que necesitaba en su bolso.

Antes de darme cuenta Christina estaba allí. Subimos a mi camioneta y ella comenzó a conducir. Ella se dio cuenta que estaba nerviosa y oraba mientras conducíamos. Podía sentir mi corazón latir y escuchar cada respiración que tomaba. Me sentí insensible al mundo que me rodea. Podía ver y escuchar, pero estaba en otro lado.

Cada segundo se sintió como minutos. Parecía ser el camino más largo que había cogido. Aún hoy me hubiera querido ir en la primera llamada. Quise haber podido hablar con Abigail mientras ella estaba alerta, antes de que fuera preparada y medicada para la operación.

Está bien ir

Una vez que llegamos al hospital no tenía idea de qué esperar, pero esperaba lo mejor. Mientras caminaba en la sala de emergencias del *Lafayette General* fui recibida por el Pastor Scott y algunos miembros de la familia de mi iglesia. *Estoy tan feliz de que estén aquí.* Yo estaba nerviosa. Trataba de mantenerme calmada pero mis rodillas temblaban y mi corazón latía rápido.

Estoy agradecida de que el Pastor Scott estuviera a mi lado todo el tiempo. El doctor vino a decir: "Sra. Vásquez, Abigail sufrió varias lesiones debido al accidente automovilístico. Voy a intentar arreglar lo que vi en el *MRI*. No creo que ella vuelva a caminar. Si lo hace, tendremos que hacer varias operaciones para llegar allí."

Eso fue todo. Eso fue todo lo que pude tomar. No escuché otra palabra de su boca. Sus labios se movían, pero sin ningún sonido.

Antes de que pudieran operar me trasladaron a una habitación para firmar un montón de papeles. Poco después, lo escuché decir: "Puedes verla ahora." Estaba muy medicada y no podía responder. Básicamente, podría hablar con ella para mi propio cierre antes de que operaran. Solo tuve un par de minutos antes de que se la llevaran. Sentí en mi espíritu decirle que estaba bien si ella quería ir con Jesús.

Charla final

Había enfermeras y todo tipo de personas a su alrededor listas para funcionar. Me acerqué y todos a mi alrededor se desvanecieron. Pude sentir que el Espíritu Santo me guiaba. Fui cerca de su oído y dije: "Abigail... papi, mami, EJ y Zoeí te queremos mucho. Estamos aquí para ti. Sé que eres fuerte. Si quieres pelear, estaremos aquí para ti durante todo el camino. También quiero que sepas que papi y yo dedicamos tu vida a Jesús el día que naciste. Tú le perteneces a Él. Si quieres irte, está bien... tú le perteneces a él."

Mientras me despedía, repentinamente su mano y su cabeza se movieron hacia mí. Esa fue la última vez que intentó comunicarse conmigo. Sé que fue su forma de decir: "Te escucho, mamá... sé que estás aquí." Levanté la vista y todos en esa habitación estaban llorando, sorprendidos por su respuesta.

Era hora de irse. Salí al pasillo, y cuando la cama pasó a mi lado, movió su otro brazo hacia mí como si supiera que estaba parada allí. Sus ojos siempre estuvieron cerrados y ella no hizo ningún sonido. Mientras la apartaban, una de las enfermeras dijo: "No, Abigail, quédate quieta, cariño. Tienes que quedarte quieta."

En espera

Zoeí fue atendida por mi amiga Christina. Mi Pastor, Jacob Aranza, me llevó a la capilla con mi pequeña hija y mis amigos para esperar que sonara el zumbido. Estaba en un deslumbramiento de oración y pensamientos. *Señor, salva a mi niña. ¿Qué les está pasando a Johnny y Elías?* Estaban en *Lourdes*, y nadie me estaba dando una actualización.

Mientras esperaba, alguien del otro hospital me llamó: "Sra. Vásquez, Elías está listo para irse a la casa." *Gracias a Dios.* Fue un alivio saber que mi hijo estaba bien. Él había estado sentado en el asiento delantero al lado de su padre, y fue una colisión frontal.

Meses después, un paramédico dijo: "Cuando llegamos a la escena, pensamos por la apariencia del accidente que sus piernas habrían empeorado con laceraciones profundas o que no serían buenas en absoluto. Todo el tablero de mandos quedó aplastado en la parte superior de las piernas, pero él salió solo con pequeños moretones."

Por un tiempo cojeó y experimentó dolores de cabeza, pero un par de días después estaba físicamente bien. Él es uno de mis milagros y una pequeña esperanza que necesitaba en este momento de mi vida. Todavía no tenía noticias de Johnny, aunque llamé varias veces para preguntar.

No es su culpa

Mi hijo estaba a salvo con mi mejor amiga Linda. Ella lo llevó con sus hijos para distraerse. *Espero que Abigail esté bien. Parece que he estado aquí por días.*

Mientras esperaba en la capilla, la policía vino a dar detalles sobre el accidente. El oficial dijo que mientras Johnny conducía por la Interestatal 10, se encontró con un vehículo conduciendo por el carril opuesto que cruzó el mediana de camino y golpeó el auto de mi esposo de frente.

El oficial dijo: "Todos en el automóvil tenían el cinturón de seguridad puesto, y no fue su culpa."

No fue su culpa un eco en mi cabeza. Necesitaba escuchar que no era culpa de mi marido, más por él que por cualquier otra cosa.

Saber que eres la causa de dañar a tus hijos sería insoportable para un padre. Ahora siempre podría recordarle esas palabras si alguna vez comenzaba a culparse a sí mismo. El oficial me dio su tarjeta para cualquier otra pregunta. El Pastor Scott se hizo cargo del vehículo de mi esposo y de todo lo que necesitara el oficial.

El zumbador suena

El sonido fue aleccionador. *La operación ha terminado.* Nos mudamos rápidamente al área de espera. No estaba sola, mis amigas estaban sentadas a cada lado de mí. Zoeí estaba jugando con algunos juguetes que una amiga le había comprado. Mi hermana Agnes y su esposo vinieron para apoyar. Sentí la fortaleza de todos, pero todavía estaba muy nerviosa.

Mi mente estaba en todas partes y aquí al mismo tiempo. *¿Se encuentra ella bien? ¿Ella va a caminar otra vez? ¿Cuándo puedo llevarla a casa?*

El doctor estaba listo para hablar y fuimos a otra sala para discutir la operación y cómo le había ido. El Pastor Jacob y su esposa esperaron conmigo.

El doctor entró y comenzó a hablar sobre los procedimientos que había hecho durante la operación. Era confuso. *No entiendi la jerga del doctor.*

De repente él dijo: "Ahí es donde la perdimos."

Le dije: "Espera... ¿qué... qué dijiste? ¿Qué quieres decir?"

Él me miró y dijo: "Ella está muerta." Continuó hablando de la operación.

De repente, el tiempo se detuvo. Me caí al limbo. Me sentí perdida. Fue como si alguien me destripara. *¿Cómo estoy respirando?* Me sentí vacía por dentro. Fue la peor sensación que jamás haya experimentado. "No me importan los procedimientos", dije. *Necesito que deje de hablar.* Pensé "¡Sé dónde está y quiero verla!" Lloré. Me apoyé contra la silla, miré hacia arriba y aullaba: "Dios, ¡te la llevaste! ¡Te necesito! ¡Te necesito ahora!"

En ese momento, fue como que el cielo se abrió y Dios derramó su gracia. Él me llenó de paz y fortaleza que nunca me abandonaron, incluso hasta el día de hoy. Sabía que, aunque Dios se llevó a mi hija, no habría forma de que yo pudiera continuar sin él. Luego el médico respondió: "Dame unos minutos para prepararla para ti."

Adiós

Estaba rodeada de amor cuando más lo necesitaba. Mis hermanas y mi hermosa familia espiritual llenaron la sala de espera. Estaban allí para llorar conmigo, abrazarme o simplemente estar allí conmigo. No tuve que enfrentar esto sola. De eso se trata la vida: compartir nuestras alegrías y penas con nuestros seres queridos.

Finalmente, me llamaron a la parte de atrás para ver a Abigail. Todos vinieron conmigo. La habitación estaba llena de enfermeras, pero todo lo que vi fue a ella. Allí estaba ella acostada sobre la mesa de operaciones envuelta en sábanas blancas. Ella se veía hermosa. *Es como si estuviera durmiendo.* Le toqué las manos y la cara.

Lloré. "Abigail, te amo. Quería que conocieras a Legend. Me aseguraré de que sepa todo sobre ti. Sé que estás en el cielo. Te mereces lo mejor. Estoy orgullosa de ti." Esas fueron solo algunas de las cosas que le dije mientras lloraba. Dije: "Quiero abrazarla como cuando era bebé."

Los que la prepararon dijeron: "Por supuesto."

La abracé y le dije algo al oído por última vez. Era como si nadie más estuviera allí.

Después de recibir paz, estaba lista para irme. El Pastor Jacob y su esposa besaron a Abigail y se despidieron. Luego él dijo: "No te preocupes por nada." Me ocuparé de todos los arreglos del funeral. Le di las gracias y me fui con mi amiga Karen para ver cómo estaba Johnny.

¿Qué nos sucederá?

Dejé a mi hija Zoeí con mi hermana. Ella llevó a Zoeí a su casa para jugar con los primos. Los pensamientos me llenaban la cabeza mientras

Karen conducía. *Acabo de dejar mi Abigail.* Fue una sensación extraña dejar su cuerpo en el hospital. *Ella no vendrá a casa conmigo.* Todavía estaba en shock. *¿Cómo voy a contarles a Johnny y a los niños?*

Llegamos al centro médico *Nuestra Señora de Lourdes*. Llegué a la unidad de cuidados intensivos para encontrar más de mi familia spiritual. *Amo mi iglesia.* El Pastor Jacob y su esposa llegaron antes que nosotros porque hicimos un giro equivocado. El Pastor Rob estuvo todo el tiempo esperando noticias de Johnny.

Cuando iba a verlo, el médico me detuvo. Él dijo: "Su esposo está en estado crítico. En este estado, no puede saber que su hija falleció."

Los pastores estuvieron de acuerdo.

Wow, acabo de dejar a mi hija, y quieres que actúe como si todo estuviera bien. ¿Cómo voy a hacer esto? Dios ayúdame. "Está bien", dije. *Johnny está en estado crítico... Tengo que mantenerme calmada por él.* Traté de reponerme, pero necesitaba ayuda.

Cuando entré a su habitación, fue como si la gracia me estuviese esperando en la entrada. Me sentí unida, paz y fuerza. Inmediatamente, sentí en mi espíritu, "para él, tienes que pelear." Con el Pastor Jacob a mi lado, me acerqué a Johnny. Parecía paralizado de la cabeza a los pies. *¿Qué va a pasarle a mi familia?*

Vi la desesperación en sus ojos. Los médicos y las enfermeras trabajaron para conectarle más tubos. *Sé que estás preocupado.* No podía hablar, porque el tubo le bajaba por la garganta. Había rastros de sangre en sus brazos por el accidente. Un halo estaba en su cabeza para mantenerlo inmovilizado porque se había roto el cuello.

Movió un poco los brazos para mostrarme qué podía hacer. La enfermera le dijo: "No, señor Johnny... quédese quieto."

El Pastor Jacob le dijo: "Todo estará bien. Cuidaremos a su esposa e hijos. No estarán solos. Todo lo que tienes que hacer es mejorar para tu familia, para que puedas volver con ellos."

Miré a Johnny con dudas. Él estaba en malas condiciones. Él era el líder de nuestra casa. *Dios mío, ¿qué nos va a pasar?*

Capítulo 3

Dejar ir

El paramédico de Abigail

Poco después del fallecimiento de Abigail su paramédico quiso compartir conmigo sus últimos momentos. Más tarde supe que ella era miembra de nuestra iglesia. Fue reconfortante saber que Abigail estuvo rodeada de una familia espiritual en nuestro tiempo de necesidad.

Aproximadamente tres meses después, hablamos sobre el día del accidente. Esta es una versión condensada y cuidadosamente redactada por ella misma.

Cuando llegamos a la escena, tu esposo estaba siendo intubado. Elías y Abigail estaban alertas y hablando. Fui asignada al cuidado de Abigail. Ella estaba en el lado del acompañante y se veía bien. Le pregunté si sentía dolor. Ella respondió que no sentía nada en las piernas y le dolía un poco el estómago.

Los otros paramédicos la sacaron del automóvil y le quité los zapatos para frotar sus piernas. Ella no podía sentir sus piernas. Íbamos a esperar a Elías pero sentí que necesitaba atención inmediata. Decidimos llevarla primero al hospital más cercano. Ella no parecía asustada, ni estaba llorando.

Mientras estaba en la ambulancia, pude obtener toda su información junto con la iglesia a la que asistió. Antes de llegar a Lafayette General, ella dijo: "Déjame ir. Déjame morir. Estaré bien. Estoy lista para estar con Jesús." Ella dijo esto tres veces con paz en los ojos. Me impactó.

En mis diez años de experiencia, nunca he tenido a alguien tan valiente frente a la muerte. Era como si Abigail aceptara lo que estaba a punto de suceder. He llevado a adultos al hospital llorando por no dejarlos morir. Aquí tenía una adolescente que decía que estaba bien con la muerte. Era como si ella estuviera en lo sobrenatural. Mi vida sería cambiada para siempre por esta joven dama.

Historias de otros

Estoy agradecida de haber hablado con la paramédica. Las enfermeras y otras personas me informaron sobre lo que sucedió después de que Abigail llegó a la sala de emergencias. Este es un resumen de la información que recibí.

"Ella estaba muy tranquila", dijo una enfermera. "Todo el tiempo, fui bendecida por la forma en que Abigail habló con buenos modales. Ella siempre respondió con un 'Sí, señora' o 'No, señora'."

Cuando estuvo rodeada de enfermeras, Abigail preguntó: "¿Conoces a Jesús?"

Ellas respondieron: "Sí, bebé. ¿Te gustaría que oremos por ti?"

Ella respondió: "No por mi. Estaré bien. Por favor, oren por mi padre, mi hermano y el resto de mi familia."

Escuchar la fe de Abigail en sus momentos finales me trajo tanta paz. Ella estaba lista para estar en los brazos de Jesús. Un día, me reuniré con mi Señor y mi hija. Espero tener valor cuando muera.

Esto me hizo llorar porque confirmó mis sentimientos sobre dejarla ir. Fue el momento antes de que la llevaran a salas de operación. Le dije: "Si quieres ir, está bien... tú le perteneces a Jesús."

Aunque ella no dijo una palabra, dijo mucho. Ella estaba muy sedada para la operación. No podía tener ninguna forma de responder, pero lo hizo moviendo sus brazos hacia mí. Siento que fue su forma de decir: "Te escucho, mamá." Es hermoso ver la mano de Dios moviéndose detrás de escena.

La asombrosa gracia de Dios

Sentí que Dios estaba conmigo en la sala de espera. Cuando grité: "Dios, ¡te la llevaste! ¡Te necesito! ¡Te necesito ahora!" Dios me dio paz y fortaleza. Cada vez que no podía continuar, era este regalo de paz y fortaleza lo que me llevó a sanar mi corazón.

Cuando vi a Abigail después de la operación, se veía hermosa. Era como si estuviera dormida. Pude hablarle palabras del corazón, tocarla, besarla y abrazarla.

Esto fue importante para mí proceso de sanidad. Decir adiós a mi hija cambió mi vida para siempre. Su legado nos llevará a nuestro destino.

Cumpleaños dorado

Durante años Abigail habló sobre su *cumpleaños dorado*. "Es cuando el día en que naciste y tu edad es el mismo número", decía. El 14 de mayo de 2013 ella habría celebrado su cumpleaños catorce.

Semanas antes de su cumpleaños vi que escribió en su calendario: "¡Mi cumpleaños dorado! ¡Será mi mejor cumpleaños!" Ella estaba muy emocionada contando los días.

Meses después del accidente mientras mi esposo estaba en el centro de rehabilitación, lo sorprendí por su cumpleaños al aparecer inesperadamente. Él no quería celebrar porque Abigail no celebro su cumpleaños. Le recordé su calendario y le dije: "No se lo perdió. Ella tuvo el mejor cumpleaños con el Señor Jesús."

Continué contándole cómo hicimos su funeral en su cumpleaños. La iglesia estaba llena de familia, familia espiritual, amigos y la comunidad. Había maestros, directores, estudiantes y sus amigos que ella conocía desde jardín de infantes hasta octavo grado. Tocó a muchos con su amabilidad, su sonrisa y su valentía para defender lo que creía. Esto es lo que la hizo tan especial. Estas palabras consolaron a mi esposo.

El funeral fue una celebración

Como era una celebración les pedí a todos que usaran ropa de color. Algunos de sus amigos y familiares de la iglesia usaban camisetas con su foto hecha por mi dulce amiga Olivia.

Tristemente, mi esposo no estaba allí. Todavía estaba en la Unidad de Cuidados Intensivos (UCI) y esperamos contarle algo sobre Abigail hasta que estuviera más estable. Fue tan difícil no tenerlo allí a mi lado. Amaba mucho a Abigail. Sabía que se arrepentiría de no haberla visto una última vez en persona. Era el cierre que todos necesitábamos.

Al principio mi hijo no quería verla en el ataúd. No estaba listo para decir adiós o verla allí sin vida. Después de pensarlo, cambió de opinión. Él dijo: "Tengo que hacer esto. Si esta es la última vez que veo a mi hermana, entonces tengo que hacer esto." Me conmovió hasta las lágrimas. *Ese es mi valiente muchacho.*

Fuimos juntos... Elías, Zoeí y yo fuimos a verla por última vez. Pude escuchar a mi hijo llorar. Cuando la vio lloró incontrolablemente. Él amaba a su hermana mayor.

Zoeí respondió de manera diferente parándose allí congelada, mirando a Abigail. Ella era demasiada pequeña para captar realmente el momento. Ella pidió tocarla. Le dije que estaría bien. "Mamá, ella esta fría", dijo.

Lloré y dije: "Abigail ya no está aquí."

De pie con mis hijos había un vacío. *Ojalá Johnny y Legend estuvieran aquí.* Di a luz solo tres días antes del funeral. Legend nació cinco semanas prematuro y necesitaba permanecer en la UCI. Mi único deseo hubiera sido que todos estuviéramos juntos para despedirnos de Abigail.

Aun así muchos vinieron a mostrar su amor y respeto. Más de cuatrocientas personas asistieron al funeral, tocamos su música favorita y el Pastor Jacob predicó un mensaje conmovedor. Más de cincuenta almas aceptaron al Señor como su salvador y se hicieron cristianos.

Días después del funeral recibí muchos correos electrónicos de personas que habían vuelto a dedicar sus vidas al Señor. Algunos padres comenzaron a asistir a la iglesia de nuevo porque encontraron paz sabiendo que sus hijos aprenderían sobre el Señor Jesús. Dios tomó nuestra pena y trajo alegría a muchos. Nuestro gozo es total sabiendo que su vida hizo una diferencia en otras vidas.

Ivette Vásquez

Su legado vive

Sabía que mi hija era una gran chica, pero no sabía cuánto impacto había tenido en las vidas de las personas. Durante las semanas posteriores al funeral, recibí correos electrónicos de sus profesores y sus amigos. Una maestra me dijo que ella le traía el café y que siempre tenía una hermosa sonrisa.

Una amiga escribió que había planeado suicidarse, pero Abigail habló con ella una noche y no pudo hacerlo.

Otra chica me escribió una nota dulce sobre la época en que estaban en la escuela primaria. Les dieron hojas de color de *Halloween,* pero no lo celebramos. Abigail le dijo rápidamente a su maestra que no quería colorear las hojas porque no celebraba *Halloween*. "Celebro *Harvest Fes*t y no quiero colorear a la bruja", explicó. Cuando se enteró que Abigail pidió otra hoja para colorear, le dio valor para hacer lo mismo. Wow, soy una mamá orgullosa. Todavía es emocional pensar en estas cosas.

Abigail estaba llena de vida y quería ser la mejor *ella* que pudiera ser. ¡Eso es! Era su mensaje simple: "Para tocar las vidas de las personas en tu comunidad, debe ser el mejor *usted* que pueda ser. Tengo que ser el mejor *yo* que pueda ser."

Personas que nunca la conocieron están inspiradas con su historia. Planeo compartir más de estas historias en mi próximo libro. Mi familia y yo tenemos nuestra misión de mantener vivo su legado.

Divina providencia

Ningún padre debería tener que enterrar a su hijo. Puedo ver cómo un padre puede ser amargado. Quería ver a Abigail crecer y experimentar todo lo que la vida tenía para ofrecerle. No la veré enamorarse, casarse y tener hijos. No podré leer los muchos libros que ella habría escrito.

Aunque yo deseaba tanto para ella, Abigail me recordó que Dios tenía cosas más grandes para ella. No podría estar amargada. Sí, desearía que ella todavía estuviera aquí. No solo era mi hija, era mi mejor amiga.

Nada llenará este vacío, pero liberarla a Dios y abrazar este dolor me ayudó a seguir adelante. Me ayuda a ver la mano de Dios en el camino de la vida. Ella nunca fue mía, sino hija de Dios. Él la confió a mi cuidado y era hora de que ella se fuera a casa. Dios me recordó esta verdad y me da la esperanza de volver a verla.

Ahora estoy envidiosa de ella. Ella está experimentando su gran mansión en el cielo con muchas personas interesantes de la Biblia. Sus favoritas son Ruth, Esther y María. Solo puedo imaginar la alegría de su encuentro con ellas.

Dios hizo varias cosas para prepararnos para su partida. Nuestra familia nos visitó a principios de año más de lo habitual. De hecho, vinieron semanas y días antes del accidente.

Johnny pudo tener citas con Abigail de padre a hija. Se sentía antes culpable por no haberlas hecho debido a su trabajo ocupado. Con su nuevo trabajo, pudo ponerse al día. Abigail amaba esos tiempos.

Una provisión que se destaca más es el nacimiento de Legend. Pensábamos que tres niños eran suficientes, pero Dios sabía que este niño nacería en el momento correcto.

Como era un bebé prematuro, no vino a casa hasta un par de semanas después. Vino a casa en el cumpleaños de Elías. "Es el mejor regalo que he tenido", dijo Elías. Nunca había atendido a un bebé prematuro, así que el hospital me dio muchas instrucciones.

Saber que tenía un pequeño hombre necesitándome cada minuto me ayudó a pasar cada día. Si estaba triste, solo echaba un vistazo de su carita linda para hacerme sonreír. Elías y Zoeí ahora son el hermano mayor y la hermana mayor. Siempre buscaban oportunidades para abrazarlo y alimentarlo.

Aún hoy intentan ser su hermano favorito. Dios nos proveyó antes y durante y continúa proveyendo mucho después del accidente. No hay forma de que yo lo deje ir.

Capítulo 4

Nueva Normalidad

Entrar a una nueva temporada

Unos dos meses antes de que Johnny llegara a casa nos mudamos de nuestra casa de campo a un encantador complejo de apartamentos dentro de los límites de la ciudad.

Tuvimos que mudarnos porque ya no podíamos pagar la casa y queríamos estar más cerca de los recursos que la ciudad proporcionaba. Fue difícil despedirme de nuestra casa.

Aunque vivimos allí durante unos pocos años, vimos a Abigail madurar y convertirse en una hermosa jovencita. Hicimos algunos buenos recuerdos de reuniones familiares y fiestas de cumpleaños. Fue el último lugar donde vi a mi familia junta. Sin embargo, avanzamos al nuevo departamento.

Pedí a algunas amigas que me ayudaran a empacar. El Pastor Rob había reunido a un equipo para ayudar con la mudanza. Solo tomó un par de horas. Todo estaba prácticamente en su lugar. Los niños y yo nos adaptamos bastante rápido porque parecía que estábamos en un complejo de vacaciones. Había dos piscinas para uso de los residentes y las usamos con la mayor frecuencia posible.

Todo iba a funcionar y pudimos ver la luz al final del túnel. No estábamos planeando qué hacer a continuación. El accidente automovilístico ocurrió, y nuestra vida había estado en piloto automático. Tuve que levantar las manos y decir: "Señor, llévame a donde quieras, confío en ti."

Extrañar a su hermana mayor

Alrededor de una semana después del accidente, les conté a los niños sobre el fallecimiento de Abigail. El Pastor Rob y Karen vinieron para apoyar y para ayudar a responder las preguntas de los niños. No tenía idea de cómo reaccionarían ellos.

Nos sentamos juntos y le permitimos al pastor compartir las noticias con ellos. Vi incredulidad y confusión en sus ojos. Después de que el shock se desvaneció comenzaron a llorar. En ese momento, Zoeí tenía cuatro años y Elías tenía nueve.

Hicieron preguntas que tenían sentido para ellos. Con lágrimas, Elías preguntó: "Entonces, ¿Abigail no volverá a casa? ¿Quién me va a ayudar con mi tarea ahora?"

Zoeí estaba tratando de captar la idea de que su hermana se había ido. Ella dijo: "Abigail está en el cielo. No voy a verla de nuevo. ¿Quién me va a hacer *toaster strudels* ahora?"

Elías vio que su pequeña hermana se sentía abandonada. Él respondió: "No te preocupes Zoeí, haré tus *strudel* por ti." Tocó mi corazón al ver que quería ayudar a su hermanita.

Abigail fue una gran parte de sus vidas. Ella era una hermana activa, siempre estaba allí para su hermano y hermana. Dejé que los niños expresen su dolor. Les dije que estaba bien llorar porque llorar trae sanidad. Detuvimos cualquier actividad si alguien necesitaba compartir cómo se sentía. Esto ayudó en el proceso de duelo y curación.

Empacar fue duro

Tuve algo de ayuda para empacar, pero hice la mayor parte por mi cuenta. Me obligó a limpiar la habitación de Abigail mucho antes de lo que esperaba. Mis hijos y yo no queríamos dejar el lugar donde Abigail había pasado sus últimos años.

Mientras estaba en el sofá pensando en ella, a menudo la imaginaba lavando los platos o sentada en su escritorio sonriéndome. Amábamos nuestra casa y soñábamos con criar a todos los niños allí, pero la realidad era que era demasiado para mantener y pagar debido a las circunstancias.

Encontramos el único departamento disponible que cubría todas nuestras necesidades, y la iglesia nos ayudó a mudarnos y desempacar. Todavía hoy, a menudo pasamos por la casa para reavivar algunos recuerdos.

Trayectoria de mis hijos

Tomé una decisión consciente para darles el tiempo y los recursos que necesitaban para avanzar. Definitivamente no los quería enojados con Dios. Rápidamente aprendí que los niños procesan la pena de la manera en que lo hacen los padres.

Necesitaba que ellos supieran que mi fe en Dios me ayudó a procesar mi dolor. Tenían que entender que el hogar era su lugar para expresar sus sentimientos abiertamente, por lo que estaba bien gritar, llorar y golpear las almohadas, dejar que el dolor salga y levantarte otra vez. Lo hicimos juntos.

Afortunadamente, tengo grandes amigos y consejeros cristianos profesionales como Marc y

Melissa. Me dieron la guía para dirigir correctamente a mis hijos a través de su dolor.

Melissa me dio el aliento que necesitaba para muchos de mis días dolorosos. Durante esa temporada, ella me envió una pequeña semilla de verdad que me ayudaría a enfocarme en mi Padre celestial para inspirar a mis hijos.

Mi pequeño hombre

Elías es mi segundo hijo. Él se encargó de hacer los deberes del primogénito y ser el hombre de la casa hasta que papá regresara. Este niño de nueve años quería ser fuerte para su mamá y su hermana.

Tuve que ayudarlo a sobrellevar y entender que estaba bien ser el segundo nacido. Las responsabilidades de Abigail no eran suyas. No tenía que presionar tanto o tratar de controlar todo. Le dije: "Si estás preparado y quieres ayudar, puedes. Entiendo que quieres protegernos porque esa es la forma en que Dios diseñó al hombre. Eso es genial, pero soy tu madre, y todavía estoy a cargo. No eres mi marido para hacerte cargo, porque yo sé qué es lo mejor."

Estaba traumatizado por el accidente y tuvimos que trabajarlo. Hubo momentos en que no quería hablar ni sentir nada. Seguí hablando y le dije: "Estoy aquí cuando estés listo." Me puse a su disposición y muchas veces hablaba sobre Abigail para alentarlos a compartir sus sentimientos.

Elías ama al Señor. Él entiende que cuando sea el momento, Dios nos llamará a casa. Le dije: "Dios no ha terminado contigo, porque es un milagro que no quedaste herido a causa del accidente de coche. Él tiene un plan para tu vida, y tú no has terminado. Abigail cumplió con su deber aquí en la tierra e hizo un gran trabajo. Ahora, es tu turno." Mi hijo está creciendo para ser un hombre fuerte de Dios.

Te veo, niña

Zoeí es mi tercer bebé. Ella era la bebé de la casa por un tiempo y amaba la atención, pero las cosas cambiaron cuando Legend nació y ella ya no era la bebé; ahora ella está en medio de dos niños. Su hermana mayor y su mejor amiga se habían ido. Papá era su cobija de seguridad y él no estaba cerca.

A veces el niño del medio se siente olvidado. A menudo hacía cosas para llamar mi atención, como molestar a sus hermanos o repetir cosas una y otra vez en mi cara. A menudo la miraba a los ojos para hacerle saber, "te veo y estoy aquí para ti." Poco después del accidente comenzó el jardín de infantes. Le tomó algo de tiempo asimilar las cosas en la escuela.

Echaba mucho de menos a Abigail. Ella basó algunas de sus decisiones en lo que le gustaba a Abigail. Cuando llegó el momento de elegir un color para un artículo en particular, ella decía: "Escojo verde porque ese es el color favorito de Abigail." Era su forma de mantenerse conectada con Abigail.

En su corazón, de alguna manera entendió que Abigail estaba siendo cuidada por Jesús y que la volvería a ver. Pasaremos la eternidad con Abigail. Hasta entonces Zoeí sabe que su hermana mayor la está cuidando.

Nuestro pequeño regalo

Mi cuarto bebé es Legend. Él es increíble. Dios lo envió a nosotros para ayudarnos a amar, sonreír, jugar y reír durante nuestro tiempo más oscuro. Él es nuestro paquete de alegría. Zoeí se convirtió en su compañera de juegos. Elías tiene un hermano pequeño a quien cuidar y es una figura paternal para él.

Legend perdió la oportunidad de tener a Abigail en su vida, pero a menudo le contamos acerca de ella y le mostramos sus fotos. Ahora tiene tres años y a menudo señala a Abigail en una imagen. Si la ve, él dice: "Esa es mi hermana Abigail."

Cuando Johnny llegó a casa, Legend a menudo lo miraba fijamente. Le llevó algo de tiempo conocer a su papi. Observó cómo Zoeí y Elías trataban a su papi. Mostraron afecto, respeto y jugaban con su papi. Legend pronto imitó las acciones de sus hermanos. Hubo momentos en que se sentó en la falda de su papi y se durmió; era como si Johnny nunca se hubiera ido. Somos muy afortunados de tener a Legend como parte de nuestra familia.

Todo un proceso

Llevará tiempo ajustarse a nuestra nueva normalidad. El tiempo no te cura; es lo que le permites a Dios hacer con el tiempo que lo hace. Este era el momento de correr hacia Él y no fuera de su presencia. Él sabe mejor y quiere lo mejor para mí.

Durante esta temporada, mi amor por el Señor aumentó drásticamente y aprendí a depender de Él en todos los sentidos. Tomamos cada día como llegó. Dejamos ir cosas que no eran importantes y nos aferramos a lo que era. Esto nos ayudó a establecer prioridades y a no preocuparnos por cosas insignificantes. Esta es la perspectiva que Dios me dio.

Hoy, estamos mucho mejor. Aún lloramos de la nada y seguiré llorando hasta que vuelva a ver a Abigail, pero está bien porque las lágrimas vendrán de un corazón sanado.

Capítulo 5

Peleemos

Batalla de fe

Tuve que luchar por Johnny; nadie más iba a hacerlo. Nadie más podía creer lo que yo podía por él porque Dios me dio la gracia para hacerlo.

Solo tres días después del accidente, los doctores pensaban que no iba a pasar la noche. Esta fue la primera de las tres veces que predijeron la muerte de mi esposo. No importaba lo que dijeran los doctores, porque tenía las promesas del Señor.

Apagar

Aunque tenía las promesas de mi Padre, a veces me costaba mantener la esperanza. Ese sábado, mi esposo estaba en coma... no alerta y no reaccionaba.

Él estaba en soporte vital con muchos tubos unidos a su cuerpo.

Todos sus órganos se estaban cerrando, a excepción de su corazón. Estaba latiendo lentamente, casi parado. Los doctores me aconsejaron llamar a mi familia y amigos para despedirse. Mis pastores hicieron lo mismo con la familia de la iglesia esperando afuera. Tenía tanto miedo.

Más tarde, el médico preguntó: "¿Quiere que resucitemos a su esposo si su corazón se detiene?"

Yo dije: "Por supuesto, vamos a hacer todo lo que esté a nuestro alcance para mantenerlo con vida."

No quiero que muera. Yo lo amo. Mis hijos necesitan a su padre.

El Pastor Rob debe haber visto la angustia en mis ojos. Él amorosamente trató de prepararme para lo peor. Él dijo: "Ivette, esto podría ser."

Lo miré firme y le dije: "No, Johnny no va a morir. Tengo promesas del Señor para nuestro futuro, e incluyen a Johnny."

Él respondió suavemente: "Algunas promesas son para nuestra generación futura y no para nosotros."

"No mis promesas. Lo que el Señor nos ha hablado incluye a Johnny. Sé que no va a morir ", respondí.

Con empatía, dijo: "Si eso es lo que crees, estamos de acuerdo contigo."

Así es como recuerdo nuestra conversación. Era seguro saber que él creía conmigo.

Todo lo demás parecía estar en mi contra. Tuve que alejarme por unos minutos. Fui al baño en la habitación de Johnny. Clamé al Señor: "Señor, ¿qué está pasando aquí? Me dijiste que Johnny iba a vivir. Todo va en contra de eso. Todo se está cerrando."

Sintiéndome débil para aferrarme a la esperanza, claramente sentí estas palabras en mi corazón: "¿Quién está a cargo aquí? ¿Tú o yo? Si soy yo, no tienes que revivirlo. Te lo dije, él va a vivir. Tienes que pelear."

Me di cuenta de que no se trataba de ellos; se trataba de mi fe. Tenía que creer en las promesas de Dios sin importar cuán mal se veían las cosas y permanecer fuera del camino de Dios. Me recargué y salí de la habitación para hablar con el cardiólogo de mi marido. Sabía lo que tenía que hacer.

Fe loca

Busqué al médico de Johnny para decirle: "Quiero cambiar las órdenes. No lo revivas. Él va a vivir." *Si él muere, entonces Dios lo resucitará.* Por la mirada en sus ojos, especulé con sus pensamientos: *Pobre dama cristiana... su hija acaba de morir, está embarazada y tiene una especie de fe loca.* Sí, soy yo.

Más tarde, mientras esperaba ver qué le pasaría a Johnny, una de las enfermeras dijo: "Nunca había visto esto antes en todos mis años de trabajo en la

UCI. El corazón por lo usual no dura tanto tiempo cuando todos los demás órganos se están apagando. Esto es como una batalla."

De repente, recordé una profecía que se habló sobre nosotros hace muchos años. El profeta visitante le dijo a Johnny: "Hay tres batallas sobre tu destino. La última batalla marcará tu vida para siempre. Haré lo imposible para ustedes dos." Me sentí aún más animada.

Sabía que Dios iba a hacer lo imposible. Las áreas de espera estaban llenas de mi familia y mi familia de la iglesia. Estaban alineándose de dos en dos en el pasillo, diciéndole adiós a mi esposo como sugirieron los doctores, pero su motivación cambió. Los pastores estaban creyendo conmigo. Le dijeron a los que se alineaban que oraran por Johnny.

El apoyo para Johnny fue increíble. Un médico comentó: "¿Quién es este tipo? Hay tanta gente aquí solo para verlo." Estaba agradecida por todas estas personas que vinieron a orar por mi esposo. Mientras estaba parada junto a la cama de Johnny con el Pastor Rob y su esposa vino nuestro amigo y pastor desde hacía muchos años, el Pastor Sídney con su esposa.

La oración de los justos

El Pastor Sídney preguntó: "¿Cómo podemos orar por Johnny?" Una vez que se lo dije, él y su esposa se turnaron para orar por mi esposo. Sentí la piel de gallina. Había algo diferente acerca de sus oraciones; era íntimo y las tierras se podrían mover.

El Pastor Sídney conocía a Johnny desde hacía más de veinte años, desde que estaba en el Army. Una parte de su oración aún resuena en mi cabeza. Con autoridad dijo: "Johnny, me enteré de que todo lo que tienes que hacer es respirar. Usted es un soldado. Te ordeno que respires. Tienes esposa e hijos para luchar."

La oración continuó como un sargento instructor ordenando a su soldado que obedezca órdenes. Fue hermoso y poderoso. Un pastor comentó: "Ahora esa es la oración de alguien que conoce a Johnny como un querido amigo."

Poco después de su oración, los órganos de Johnny comenzaron a funcionar. Sus niveles estaban subiendo. *Gracias a Dios.* Salí a decirles a todos con lágrimas en los ojos: "Estamos en claro. Johnny va a lograrlo." Vi alivio y alegría de todos.

Fui con el Pastor Sídney y su esposa para decirles que su oración fue poderosa. Él respondió: "Él no va a morir. Sé lo que se siente cuando el espíritu de la muerte está presente. Johnny mejorará."

Dije: "Gracias."

Se estaba haciendo tarde y muchos se habían ido. Estuve toda la noche con mi esposo y mi amiga Candy en la sala de espera. Fue un día largo y milagroso.

Montaña rusa

Tuvimos nuestros altibajos. Los doctores solo tenían malos informes para compartir. *Aquí vienen de nuevo.* Me sentí guiada para no escucharlos realmente, pero el Pastor Rob y su esposa escucharon por mí. Mi esposo tuvo que soportar una cirugía de catorce horas para reparar su cuello roto. Gracias a Dios, algunos de nuestra familia espiritual esperaron a mi lado todo el tiempo.

Cada una hora el médico llamaba para darnos una actualización. Me dolía el estómago cada vez que sonaba el teléfono. *¿Algo salió mal? ¿Él está bien?* Finalmente, recibí la noticia de que la cirugía fue un éxito.

Habría un par de sustos más a lo largo de la semana, pero sabía que no moriría. Si se suponía que debía morir, entonces Dios lo habría tomado en el accidente. Hubo tres ocasiones en que los doctores creyeron que iba a morir, pero cada vez, mi Dios lo liberó.

Hablar vida

Johnny estaba con soporte de vida e inconsciente. Los doctores preguntaban: "¿Quieres desconectarlo? ¿Quieres que viva de esta manera por el resto de su vida?"

Yo respondería afirmativamente: "No, Johnny está allí. El volverá."

En una reunión, los doctores hablaron negativamente sobre su condición. Inmediatamente hablé vida para combatir lo negativo. Ellos decían: "Él tendrá muerte cerebral."

Yo decía: "¿Y si regresa?" Me darían una respuesta positiva.

Seguí adelante. Johnny tenía un tubo de alimentación. Pregunté: "¿Y si se mejora comiendo normalmente?"

Ellos decían: "Si mejora, removeremos el tubo y él comenzará a comer alimentos espesos como miel. Luego progresará a elementos de néctar grueso. Eventualmente, volverá a comer normalmente."

Ahora están hablando fe.

No subestimes el poder de hablar de la vida. Esto es lo que hice sobre cada informe malo. Yo pediría el proceso de curación. No solo necesitas hablar la vida sobre lo negativo, sino que debes enseñar a los involucrados a hacer lo mismo. Confía en el Señor y Sus promesas.

Las pequeñas cosas ayudaron

Johnny estaba inconsciente y tuve que luchar por él. Cuando se trataba de las opiniones de los expertos sobre qué hacer con mi esposo, me sentía sola. Mi familia y amigos estaban orando conmigo, pero mi esposo todavía no respondía.

Un día me sentí presionada por los doctores para desconectarlo, así que fui a su habitación a orar por él. Le pregunté: "Johnny, ¿puedes oírme?" No hubo ningún sonido, pero de repente su ceja subió y bajó. Me sentí aliviada. *Él puede escucharme.*

Hubo un tiempo en que sus ojos y pecho estaban hinchados. Sus ojos eran del tamaño de pelotas de golf. Era aire atrapado en su cuerpo y se hinchaba y si no se detenía, el médico iba a cortar para liberar la presión. Afortunadamente, se redujo por sí sola.

Johnny no recuerda nada de esto, ni siquiera haber movido las cejas cuando le pregunté si podía oírme. Ahora digo en broma: "El trabajo de tu ángel era mover las cejas cada vez que yo hacía una pregunta." Esas pequeñas cosas me mantuvieron avanzando. Sabía que saldría del coma.

Ahora nos estamos moviendo

Un día salió del coma y quiso que sacaran el tubo de su boca. Su doctor aprobó una traqueotomía que le dio la libertad de mover la boca y respirar por la garganta. No le gustó, pero estaba feliz de mover la boca. Ellos programaron la terapia del habla para aprender a hablar con el respirador, pero eso llegaría a tiempo.

Gracias a Dios por mi hermana Delia y su esposo por quedarse con Johnny. Nos turnábamos para estar con él. Yo tendría el turno de día, y ellos tomarían las noches.

Una noche, mi hermana Delia llamó para decir que Johnny movió su pulgar izquierdo a su dedo índice. Lloré y dije: "¡Gracias, Señor!" Su curación venía poco a poco.

Meses después, mi esposo compartió lo que había sucedido esa noche. Esto es lo que dijo:

Estaba tratando de comprender todo lo que nos sucedió a mí y a mi familia. Me estaba acostumbrando a la enfermera los tiempos de cambio. Esta tarde, tuve una dulce y anciana enfermera. Ella me avisaba cuando haría mi baño en la cama y me veía a menudo.

Pensaba en la rutina de la mañana con el doctor. Verificaría mis manos y pies por respuesta. Él decía: "Aprieta mi mano," pero no pasaba nada. Luego él examina mis pies y dice: "Mueva el pie," pero nuevamente, nada. Me sentía decepcionado conmigo mismo. Le dije a mis manos y pies que se movieran, pero no respondieron. Podía sentir cada toque, pero no podía moverme.

Mientras pensaba en estas cosas, mi cuñada Delia vino a pasar tiempo conmigo. Ella compartía su día y las cosas que mis hijos hacían cuando los cuidaba. Luego comenzó a hablar sobre cuando se lesionó la rodilla y la terapia que hizo. Ella habló sobre cómo aplicaron presión sobre el músculo y ella debía responder a la presión.

Luego ella sostuvo mi mano izquierda y aplicó una suave presión. Una vez que sentí la presión, algo dentro de mí hizo clic. Le indiqué que lo hiciera de nuevo. Cuando lo hizo, lo apreté con el pulgar. Yo estaba tan feliz. Ella se sorprendió y dijo: "¡Johnny, me has apretado la mano! Hazlo de nuevo." Así lo hice. Ella tomó un video para mi esposa y la llamó. Le indiqué que llamara a la enfermera.

Al principio, la enfermera pensó que solo eran espasmos, pero cuando vio que podía hacerlo por orden, dijo: "Es un milagro". Ahora, no podía esperar a *ver el rostro de mi médico en nuestra rutina matutina.*

Estoy de acuerdo con la enfermera; esto fue un milagro.

Johnny desarrolló una forma de comunicarse con sus ojos, además de parpadear una vez para sí y dos veces para no. Saqué mi teléfono y dije el alfabeto. Una vez que llegaba a la letra correcta, parpadearía mucho. Ahora sabía cosas comunes como "tengo frío," "tengo dolor" y "cambia el canal." Así es como me enteré de la doble visión que estaba experimentando. El doctor le dio una recomendación sobre cómo tratarlo. Fue una gran sensación volver a comunicarme con mi esposo.

Hora de decirle

El día de los padres estaba a la vuelta de la esquina y me dieron un pase para que Johnny viera a los niños. Esta sería la primera vez que se encontraría con nuestro hijo recién nacido, Legend. Antes de la visita de los niños, quería que supiera de la muerte de Abigail. Su médico dijo que estaba lo suficientemente estable como para enterarse de su hija.

No podría hacerlo sola y le pedí al Pastor Rob y a su esposa que estuvieran allí conmigo. Durante semanas llevé la carga de no contarle a Johnny sobre nuestra hija. Mi corazón se rompió con la idea de que no volvería a verla en la tierra. No pudo despedirse de ella en el funeral. No sabía cómo lo tomaría.

    Llegué al hospital para reunirme con el Pastor Rob y su esposa, Karen. Ella estaba allí para apoyarme, mientras que su marido le diría a Johnny. La noche anterior traté de preparar a mi esposo. Le dije que había algo muy importante que necesitaba decirle y que no era bueno. Él me dio una mirada extraña. Le dije: "Te lo diré mañana, pero necesitas preparar tu corazón. Recuerda, Dios tiene el control." Le di un beso de despedida. Pensé que era la mejor manera de prepararlo para la noticia.

    Ahora estaba en la puerta de su habitación con mis ayudantes. El personal de enfermería estaba en espera, por si acaso algo salía mal. *Señor, dame fuerza.* Nos quedamos alrededor de su cama y el Pastor Rob procedió a contarle sobre lo que le sucedió a Abigail. Todos estábamos en lágrimas. Él articuló: "Mi bebé, mi bebé," una y otra vez. Su pecho se movía, tratando de atrapar el aire de la profundidad de sus lágrimas por Abigail.

    Después de un rato, se detuvo y me miró. *¿Está enojado conmigo por esperar?* Él articuló: "¿Estás bien?" Se le ocurrió el terrible dolor que había sufrido. Él quería saber cómo yo estaba.

Lloré y dije: "Estoy bien." Sabía que Abigail estaba más que bien. Ella estaba con el Señor. Él estaba más preocupado por mí y mi estado de ánimo. Mi esposo me ama mucho. Él entendió por qué había esperado y estuvo de acuerdo en que fue una decisión sabia. Este es el enlace especial que desarrollamos durante más de dos décadas.

Cierre para nosotros

Diariamente me grabaría diciéndole a Johnny sobre mi día. Era mi manera de procesar. Describí lo hermosa que Abigail se veía y todos los arreglos del funeral. Escucharía mi dolor mientras describía mis últimos momentos con Abigail. Tuve que dejar salir el dolor y registrarlo para mi esposo fue muy terapéutico. Además, fue útil para escribir este libro.

Cuando Johnny estuviera listo para escuchar no se perdería nada de lo que pasó mientras él estaba en el hospital. Le pedí a mi iglesia que grabara el funeral de Abigail. Sabía que a Johnny le encantaría ver la forma en que nos despedimos de nuestra hija. Decidió ver el video dos meses después de su regreso a casa. Un día, dijo: "Estoy listo para ver el video de Abigail." Puse rápidamente el video. Él quería estar solo. Podía oírlo llorar en la habitación contigua mientras estaba viendo el funeral. Una vez que terminó, se vio en paz.

Él dijo: "Me encantó el mensaje del Pastor Jacob."

El Pastor Jacob había dicho: "Si Abigail puede decirnos algo del cielo, serían estas tres cosas: es sorprendente, valió la pena, y te estoy esperando."

"Abigail me está esperando," dijo Johnny. Hay paz en saber que volverás a ver a tus seres queridos y que estarán esperando verte de nuevo. Esto le dio el cierre.

Mantener la esperanza

Desde el accidente los doctores vieron los hechos. Mi esposo tuvo un terrible accidente. Se había roto una parte principal del cuello, perdió sangre y perdió oxígeno, y la mayoría de sus órganos se habían cerrado.

Es por eso por lo que pensaron que sería un vegetal, se paralizaría desde el cuello hacia abajo, tendría muchas infecciones, comería a través de un tubo de por vida y necesitaría una máquina para respirar por él; por el resto de su vida. No muchos de nosotros queremos vivir de esta manera. Lo entiendo. No los culpo por preguntarme una y otra vez: "¿Quieres detener el soporte vital? ¿Quieres que él viva de esta manera?" Vi los hechos, pero elegí creer en la verdad de Dios.

Mantuve las promesas de Dios para nosotros. Tomó varios meses de terapia ver algún progreso sobresaliente, pero inmediatamente Johnny pudo recordar incluso los eventos del accidente. Predicó un mensaje a los jóvenes de nuestra iglesia durante cuarenta y cinco minutos sin notas y todo de memoria. *Fue tan bueno.* Más tarde ayudó a editar este libro utilizando la creatividad y sus habilidades de mecanografía.

Pudo respirar y comer alimentos por su cuenta. Desarrolló fuerza y movimiento en la parte superior de su cuerpo mediante su rutina de estiramiento y ejercicio.

Finalmente, aprendió a pararse asistido. Él es capaz de soportar peso en sus piernas por un período de tiempo pequeño. Se necesitará una fe loca para que Johnny camine, pero Dios es fiel. Yo creo que él caminará de nuevo. Mi hombre milagroso obtendrá su milagro.

Capítulo 6

Reconstruir

Salir del hospital

Después de un par de meses en la *UCI* Johnny tuvo que mudarse a un hogar de rehabilitación para recibir atención a corto plazo y comenzar la terapia. Después de mucha investigación y ayuda de nuestros amigos, Johnny eligió el Centro de Rehabilitación Neurológico Trinity en Slidell, Louisiana, pestañeando. Le gustaba su nombre y reputación y tenían servicios respiratorios para su máquina de respiración.

Esperaba que estuviese en casa unas semanas después del accidente, pero sus heridas eran tan graves que necesitaba atención y terapia que yo no podía suministrar. La parte más aterradora fue no saber cuánto tiempo sería. Podría tomar meses o años dependiendo de su progreso y la cantidad de cuidado que necesitaría. Excepto por los tiempos en que estuvimos separados en el ejército, este sería el tiempo más largo en el que estaríamos separados.

Llegada a Slidell

Ellos lo estaban alejando de mí. Así me sentí cuando me dijeron que tenía que irse del hospital. Esto significaba que no podría verlo a diario porque estaría a unas tres horas de distancia. Si hubiera una emergencia, no podría estar a su lado. Mi corazón estaba roto. *Ya lo extraño.*

Él fue transferido exactamente dos meses después de estar en la *UCI* en el Centro Médico Nuestra Señora de Lourdes. Le agradezco a Dios que no estuviéramos solos durante esta transición. El Señor nos dio una familia especial para estar a nuestro lado. Ellos son la familia Amos. Chris y Ronda sintieron en sus corazones adoptar espiritualmente a Johnny como su hijo.

Cuando llegó el momento de irnos, estaba en la ambulancia con mi esposo. Chris no pudo venir porque tenía que trabajar así que Ronda condujo detrás de nosotros a Slidell con sus hijos adultos y mi hija pequeña. Mis hijos se quedaron con mi mejor amiga, Linda.

Llegamos a la instalación por la noche. Mi primera impresión fue que el exterior parecía agradable, pero por dentro parecía desolado. *Dios mío... ¿Dónde estoy dejando a mi marido? ¿Va a estar bien aquí?* Hubiera pensado lo contrario si llegábamos durante el día.

Había un pasillo largo y blanco y todas las puertas estaban cerradas porque la mayoría del personal se había ido durante el día. La mayoría de los pacientes estaban dormidos y algunas áreas estaban oscuras. Estaba cuestionando nuestra decisión, pero ya era demasiado tarde, y Johnny tuvo que quedarse.

Estuve conteniendo las lágrimas, y mantuve mi cara de póker porque no quería que mi cara triste fuera lo último que recordara. Mi esposo es un hombre de familia. Preferiría estar en casa con la familia que en cualquier otro lugar. Definitivamente iba a ser difícil para él.

Habitación cómoda

Los paramédicos pusieron a Johnny en la cama cerca de la ventana. Era una habitación para dos personas, pero no tenía compañero de piso en ese momento. La cama daba a un tocador para su ropa y una mesita de noche estaba a la derecha. En el lado izquierdo de la cama estaba su máquina de respiración. No había televisión o radio para el entretenimiento. *Odio dejarlo aquí sin nada que hacer.* Ronda estaba pensando lo mismo. Se fue y regresó con un televisor nuevo y pagó el cable en la oficina del administrador. Estamos muy agradecidos.

La enfermera vino a evaluar las necesidades de Johnny y ella no sabía que no podía hablar o moverse mucho. *¿De Verdad? ¿No se molestó en leer sobre el estado de su paciente?* Esto me hizo sentirme más incómoda al dejarlo. Después de decirle a la enfermera todo lo que él podía y no podía hacer, ella nos aseguró que él sería revisado con frecuencia.

Dejar a Johnny

Se estaba haciendo tarde y necesitaba llegar a casa con mis hijos. Johnny lloró cuando llegamos y nuevamente cuando nos estábamos preparando para irnos. Ser incapaz de moverse o hablar y quedarse varado en un lugar alejado de su familia puede ser abrumador para cualquiera.

Fue difícil para mí dejarlo a más de 150 millas de distancia, pero este era su momento. Recordé haber dicho: "No estabas conmigo cuando Abigail falleció. No estabas conmigo cuando di a luz a Legend. No estabas conmigo cuando tuvimos su funeral. No estabas conmigo cuando tuve que empacar y moverme. No estabas conmigo cuando lloré para dormir. Pero Jesús... Jesús estaba conmigo. No voy a estar aquí, pero Jesús estará aquí contigo. Ahora es el momento de confiar verdaderamente y depender solo de Dios como lo hice yo en los últimos dos meses." Esto fue realmente difícil de decir, pero sabía que él necesitaba escucharlo. Sabía que mi Dios iba a hacer algo especial con él. Lo abracé y le di un beso de despedida. Pasarían unos meses antes de que pudiera volver a casa.

El viaje más largo

Sostuve a mi pequeña Zoeí cerca de mí. Tantos pensamientos pasaron por mi mente. *¿Cuándo lo volveré a ver? ¿Cómo estarán los niños sin su padre? ¿Cuándo puede volver a casa y caminara antes de que llegue?* Tenía que dejarlo ir y dejar que Dios cuidara de Johnny. Después de todo, Dios lo ama más de lo que yo lo haré jamás. "Él es hijo de Dios. Un Padre amoroso siempre se preocupará por su hijo," me repetía a mí misma. Le agradezco a Dios que no tuve que hacer el viaje de regreso a casa sola; no sería seguro conducir durante tanto tiempo sintiéndome de esta manera. Ronda y su familia estuvieron allí para ayudar durante este momento difícil. Estoy realmente agradecida por ellos.

Visitar a Johnny

Tomó mucha planificación para hacer una visita de un día. Mantenerme conectada tanto con mi esposo como con mis hijos demostró ser logísticamente un reto. Fui muy cuidadosa al dejar al recién nacido y a mis hijos mayores con personas de confianza. Tenía que asegurarme de que mi *SUV* estuviera en buenas condiciones para el largo viaje. Necesitaba fondos para gasolina y comida. Fue emocional y físicamente desgastante al regresar a casa.

Afortunadamente, el Señor proveyó el dinero a través de diferentes canales, y mis amigos de confianza observaron a mis hijos cuando mi hermana no estaba disponible. Al final, Dios lo resolvió para mi bien.

Por su gracia, tuve la fuerza para sobrevivir el día. Algunas veces, tomaba a uno de los niños mayores para pasar tiempo con su padre. Era importante para ellos estar conectados con su papi también.

No pude ir muchos fines de semana, pero Chris lo visitaba a menudo cuando trabajaba en New Orleans. Su esposa, Ronda, y algunas veces sus hijos fueron los fines de semana cuando yo no pude.

Ronda se preocupaba por Johnny como su propio hijo; era algo que ella sentía en su corazón por hacer. La madre biológica de Johnny no siempre estaba presente cuando él era pequeño. Ronda creía que el Señor quería llenar esta brecha. Ella ha sido como una madre para él desde entonces.

Progresos

Después de algunas semanas de terapia Johnny comenzó a tener más movimiento en sus manos. Su primer objetivo en la terapia fue presionar el botón que llama a la enfermera. Al principio, apenas podía sostener el botón, pero luego pudo presionarlo para pedir ayuda. Esto fue emocionante porque tenía más libertad para expresar una necesidad.

Hablaba mejor con el respirador. Como estaba a horas de distancia, esto nos dio más tiempo de conversación por teléfono para mantenernos conectados. No hablamos mucho debido a la cantidad de energía que le llevó respirar y hablar. Con el tiempo, se hizo más fuerte.

Estaba viendo la mano de Dios moviéndose. Johnny estaba ganando fuerza central para mantenerse sentado. Nosotros lo visitábamos y a veces su mano se caía del apoyabrazos del asiento. Él le indicaba a nuestra hija que levantara su brazo en el reposabrazos. Zoeí pensaría que era un juego que estaba jugando con ella. Semanas más tarde, él lo levantaría solo y algunas veces engañaba a Zoeí para que lo levantara, pero él mismo lo hizo antes de que ella tuviera una oportunidad. Fue agradable ver que mi esposo no perdió su sentido del humor.

Con todo su progreso, había una cosa que estaba deseando volver a hacer además de caminar: comer normalmente otra vez. Durante meses sus comidas fueron batidas de vitaminas y minerales a través de su tubo de alimentación. Echaba de menos masticar y probar su comida. El día que comenzó a comer alimentos blandos y líquidos espesos fue emocionante. Hoy, saborea cada bocado, nunca da por sentado lo que se come. Poco a poco, él vuelve a mí.

Depresión a pesar del apoyo

Johnny fue bendecido por estar rodeado de tanta gente increíble. Tenía días buenos y malos. Tenía terapeutas físicos edificantes y terapeutas ocupacionales que sabían cómo presionarlo. Estas mujeres fueron pacientes y alentadoras. Simplemente las apreciaba.

El doctor de Johnny era cristiano, y oraba constantemente con él. Había un terapeuta respiratorio que cantaba canciones de adoración y le hablaba sobre Dios para mantener el ánimo mientras limpiaba su tubo de respiración. Johnny atesora esos recuerdos.

Pero cuando se acercaba su cumpleaños estaba triste. Él decía: "No quiero celebrar mi cumpleaños." Me dijo que no me molestara en visitarlo. Le dije que no podía hacerlo de todos modos porque era difícil llegar los lunes. Decidí sorprenderlo y ver si podía ayudar a levantar su ánimo. Sabía exactamente cómo hacerlo.

Llegué el lunes por la mañana para sorprenderlo con un regalo especial. Él estaba en terapia. Escuché a un terapeuta que anunció: "Es el cumpleaños de alguien, y su nombre es Johnny." Entré al gimnasio de terapia cantando "Feliz cumpleaños." Delante de todos, sostuve su regalo en ambas manos: budín de chocolate con una vela encendida.

Él comenzó a llorar cuando me acerqué a él para susurrar: "Feliz cumpleaños."

Él dijo: "No quiero celebrar mi cumpleaños."

Yo respondí: "¿Por qué no? Le dan otro año de vida y mire su progreso."

Él dijo: "Abigail no llegó a celebrar su cumpleaños."

Yo respondí: "Ahí es donde estás equivocado. Abigail tuvo el mejor cumpleaños de su vida. Ella celebró con su Padre celestial." Mientras compartía más, los dos lloramos.

Pude ver su rostro comenzar a cambiar. Se animó y comió su budín durante el almuerzo. Más tarde, nos reímos porque la vela en el pudín trajo recuerdos de cuando estábamos de novios e íbamos a salir por su cumpleaños. Mientras esperaba en el auto, le traje un *cupcake* de chocolate con una vela encendida, cantando "Feliz cumpleaños." Recuerdos como estos ayudan a mantener nuestra relación fuerte.

Ivette Vásquez

Un noviembre para recordar

Este mes fue especial para nosotros porque celebramos nuestro aniversario de diecisiete años. También fue el mes en que Johnny llegó a casa. Él tenía tanto progreso. De hecho, planeaban enseñarme cómo usar y cuidar su respirador. Johnny estaba molesto con la idea de volver a casa estando conectado a la máquina. Le dije que no importaba porque yo voy a cuidar de él. Esto lo inspiró.

Él me dijo a mí y su terapeuta: "En treinta días, me desconecto de esta máquina." Su terapeuta dijo que sintió la piel de gallina cuando lo declaró. Comenzaron a destetarlo de la máquina. Le tomó dos semanas, justo antes de nuestro aniversario. *Ese es mi hombre.* Estaba tan orgullosa de él. Más tarde dijo que no creía que necesitara la máquina, pero le hicieron creer que sí. Es curioso cómo cuando las personas tienen buenas intenciones, terminan desacelerando su progreso.

Fui a visitarlo con algunos familiares para nuestro aniversario. La enfermera y sus ayudantes estaban actuando de forma extraña cuando llegué. Los oí susurrar: "No dejen que vaya allí." Me dijeron: "Dejemos que el Sr. Johnny entre en la silla de ruedas antes de entrar a su habitación." *¿Qué está pasando? Johnny no le importa que yo esté en la habitación cuando están trabajando.*

Mientras esperábamos, tomamos la comida que llevamos al comedor. Cuando entré en la habitación, me sorprendieron con flores, globos y un regalo. "¡Oh!", exclamé. Me conmovió que mi amor haya pasado todo este trabajo para mí. El presente era una bonita y suave frisa del color marrón. Él dijo: "Como no puedo abrazarte por las noches, la frisa te sostendrá y te mantendrá caliente hasta que yo pueda." Johnny siempre ha sido romántico. Aún hoy, no sé cómo pagó por todo y quién lo ayudó a obtenerlo todo.

Papi llega a casa

Habían pasado aproximadamente seis meses desde el accidente, y los niños extrañaban a su papi. Su regreso a casa estaba a la vuelta de la esquina. Hicimos todos los arreglos necesarios para que el apartamento fuera funcional. Él estaba mucho mejor, pero no tenía fuerza para usar sus brazos. Llegó en una silla de ruedas manual porque sus piernas estaban semi-paralizadas con un movimiento muy pequeño. Una vez más, el Pastor Scott y su esposa fueron una gran ayuda para preparar el hogar para la silla de ruedas.

Tenía una lista de los suministros que necesitábamos y con la ayuda de nuestra comunidad, iglesia, familia y amigos lo tenemos todo. Me sentí lista hasta que la realidad golpeó. Demostró que aún nos faltaba experiencia, pero con corazones dispuestos, lo superaríamos.

Llegó el día del regreso de Johnny. Nuestra iglesia alquiló una van accesible para sillas de ruedas para volver a casa y usarla por el momento. Chris y Ronda ayudaron con el camino a casa. Johnny estaba emocionado de finalmente volver. No les dije a los niños. Quería sorprenderlos cuando llegaran de la escuela.

Cuando vieron a su padre, lloraron y lo abrazaron. Todos estaban llorando, bueno, a excepción de Legend. Solo tenía siete meses. Johnny espera conocer a su bebé y encajar en nuestra vida diaria.

Capítulo 7

Estar quieto

Viene la realidad

¡Johnny estaba en casa! A menudo hablábamos de este día por teléfono y ahora estaba aquí. Fue solo unos días antes de Acción de Gracias de 2013. Mi iglesia nos alquiló un mini van hecha específicamente para discapacitados. Pudimos viajar a la iglesia y a toda la ciudad como familia. Días antes de Navidad, el Pastor Jacob anunció desde el púlpito que la mini van era un regalo de Navidad para nuestra familia. Esto nos hizo llorar y pudimos sentir el amor de la congregación mientras nos aplaudían. Amo mi iglesia. *Es muy bueno tener a mi familia unida de nuevo, sobre todo para los días festivos.*

Antes de que Johnny llegara a casa desde el centro de rehabilitación en Slidell, el personal me enseñó a cuidarlo. Revisamos cómo ayudarlo a entrar y salir de su silla y cama. La enfermera dijo que tenía que inyectarle todos los días. Nerviosamente dije: "Nunca he hecho esto antes."

Ella respondió: "Lo hará genial. Solo pellizque y apuñale la aguja de un solo disparo en su estómago."

Esto no va a ser muy difícil. Estaba tan desesperada por tener a mi familia unida bajo el mismo techo que subestimé todos los desafíos.

Era ingenuo pensar que sería simple. Cuando Johnny llegó a casa necesitaba ayuda para comer y beber. Tenía un movimiento muy limitado en sus manos y los movimientos de sus piernas eran en su mayoría espasmos. Había un tubo de alimentación en su estómago y a pesar de que no lo estaba usando, tuve que mantenerlo limpio hasta que el médico lo quitara. Johnny era totalmente dependiente de mí.

Había tenido poco entrenamiento y nunca me había ocupado de un adulto de esta manera. Nuestra primera mañana fue un gran golpe de la realidad. Me tomó cuatro horas preparar a Johnny para la mañana. Después, tuve que preparar a mis hijos y finalmente tuve tiempo para mí. Para cuando terminé, quería arrastrarme de vuelta a mi cama. Esto es mucho más difícil de lo que pensaba. Por la noche cambiaba el pañal de Legend y volteaba a Johnny de lado a lado en su cama para prevenir ulceras por presión. No hace falta decir que no dormí mucho. No había enfermeras, ayudantes ni nada. Tuve muy poca asistencia. Delia me ayudaría a veces, pero pronto se mudó fuera del estado y yo quedé sola.

Tiempo para organizarse

Pensé, *Jesús ¿en qué me metí? ¿Qué quieres que aprenda de esto? No estoy aprendiendo nada, pero no me rendiré.* Amo a Johnny y nadie iba a cuidarlo mejor que yo. Estaba cumpliendo mi voto matrimonial: para bien o para mal.

Aproveché mis habilidades administrativas para desarrollar una rutina y organizar sus suministros médicos. Nuestro baño principal tenía más que suficiente espacio en el gabinete para colocar la mayoría de sus suministros. En una esquina, coloqué todos sus artículos diarios, y en el otro lado estaba todo su material nocturno. En nuestra habitación, se instaló una mesa para guardar sus artículos de cama y suministros de baño.

Ahora que la habitación estaba bien equipada, desarrollamos formas de entrar y salir de la cama mucho más suavemente. Nos tomó algunos meses implementar un sistema para hacer nuestra vida más soportable.

Ivette Vásquez

Mejor juntos

Esto se estaba convirtiendo en una pesadilla viviente. Me esforcé hasta el límite, hasta que mi cuerpo me dolió tanto. Este estilo de vida tensó nuestro matrimonio. Johnny y yo lloraríamos juntos mientras él colgaba del ascensor. Nos sentíamos tristes y molestos el tener que vivir de esta manera.

Si me conocieras sabrías que yo soy dura, no me doy por vencida fácilmente, como Zoeí a menudo me dice. Elías decía: "Mamá, eres el pegamento de esta casa. Nos mantienes juntos." *Este pegamento no va a ceder*. Estaba decidida a mantener a mi familia unida. Continué mejorando a medida que pasaba el tiempo. Me tomó casi seis meses ser más fuerte, más rápida y más competente.

Mis hijos fueron de gran ayuda. Alimentaban a Johnny, le cambiaban el canal de televisión, tenían su teléfono mientras atendían una llamada, le lavaban las manos, le limpiaban la nariz y los espejuelos. También ayudaron con la alimentación de Legend y los cambios de pañales. Trabajamos duro como una unidad y esto nos hizo estar más cerca uno del otro.

Revelación

Un día, recibí mi respuesta del Señor sobre mi situación. Descubrí que Dios quería enseñarme un par de cosas antes de tener alguna ayuda.

Primero, tuve que dejar ir y dejar a Dios. Siempre trato de controlar cualquier situación para darme tranquilidad. Encontré mi paz confiando en que Dios tenía el día bajo control. Si tomaba horas prepararse, entonces estaba bien con eso. Intentaría mejorar, pero no iba a ser amarga. Sabía que al final, todo estaba bien.

En segundo lugar, encontré la fortaleza que estaba dentro de mí. Dios tuvo que llevarme más allá de mi zona de confort para ver lo que tenía en mi espíritu. Quería que saliera a la superficie porque otros necesitaban verlo. Otros necesitan saber que puedes hacer cualquier cosa; incluso cuando eres débil, puedes ser fuerte. No te rindas con Dios, porque nunca te abandonará. Él sacará tu fuerza interior para mostrar su grandeza en ti. Estaba lista para lo que vendría después.

Por último, aprendí a mostrar amor y aceptación a mi esposo. Johnny era un hombre independiente. Al principio, él no pedía ayuda con cosas que sabía que necesitaba. Tenía que saber que él no era un problema. Le diría que está bien pedir ayuda. Él decía: "No quiero ser una carga."

Yo respondía: "Te necesito tanto como me necesitas."

Pude ver las lágrimas en sus ojos, pero luego se sintió aliviado. Mi servicio sin quejarme le mostró amor.

Johnny estaba desconectado y se sentía perdido en casa porque había estado ausente durante la mitad del año, pero decidí cambiar su forma de pensar y la de los niños. Tuvieron que aprender que su papi estaba nuevamente a cargo. Antes de hacer algo o ir a algún lado, le pedían su permiso u opinión. Si los niños me pedían algo, les decía que primero preguntaran a su padre. Pronto se dieron cuenta de que así era como funcionaban las cosas en nuestra casa. Esto ayudó especialmente con Legend. Él era el niño nuevo y vio que papi era el jefe de la casa. Esto aumentó la confianza de Johnny para dirigir nuevamente.

Estas lecciones me ayudaron a ser una mejor esposa y madre. Cuando llegó la ayuda, estaba en un lugar diferente en mi vida.

Ayuda

Como Johnny era un veterano, cualificó para recibir ayuda. El *VA* nos puso en contacto con algún servicio de ayuda local. Tomamos todo lo que pudimos conseguir. Nos dieron catorce horas a la semana para usar para Johnny.

Al principio, usamos dos horas por noche para ponerlo en la cama. La primera agencia no fue muy responsable. A veces un trabajador llegaba tarde o no lo hacía en absoluto, especialmente los fines de semana. La agencia parecía no importarle. Afortunadamente, el VA nos dio otra agencia que era más profesional y atenta a nuestras necesidades.

En ese momento Johnny y yo éramos profesionales y habíamos desarrollado un sistema para simplificar su cuidado. Entrenamos a los ayudantes en nuestro método. Una vez que entendieron, nuestras noches fueron suaves. Le decían a Johnny: "Es un hombre bendecido. Su esposa está involucrada en su cuidado; ella tiene todo limpio y organizado para nosotros." *Oh, él sabe que ha sido bendecido.*

Algunos de los trabajadores eran como parte de la familia. Y fuimos bendecidos de tener algunos ayudantes fieles y afectuosos. Nos rompió el corazón cuando llegó el momento de seguir adelante. Abrir nuestro hogar a extraños y ser vulnerables a ellos era algo que no queríamos hacer constantemente. Además, tuvimos que volver a entrenarlos.

Un par de años después, esto cambió. Delia sintió en su corazón que era hora de regresar a Louisiana. Ella decidió ser su ayudante permanente. Estoy agradecida de que mi hermana quiera ayudarnos. Ella es una bendición.

Nuestros días fueron mejores que nunca. Se hizo evidente que necesitaba ayuda por las mañanas más que por las noches. Era difícil sacar a Johnny de la cama y llevar a los niños a la escuela, y Legend comenzó a asistir a un jardín de infantes.

Yo cuidaba de Johnny por las noches y Delia lo preparaba por las mañanas. Johnny estaba vestido para el día cuando llegaba a casa después de llevar a los niños a la escuela. Esto nos dio más oportunidad de disfrutar nuestros días.

Conectándose

Mis hijos y yo lloramos por unos meses antes de que Johnny llegara a casa. Vencimos cualquier amargura y depresión porque nos teníamos unos a otros para procesar nuestros sentimientos. Esto fue diferente para Johnny porque nos extrañaba a todos por igual. Solo vio a los niños algunas veces en el hospital y en el hogar de rehabilitación.

Una vez que estuvo de regreso con nosotros, la realidad de la muerte de Abigail lo golpeó duro. Ahí fue cuando en realidad comenzó a llorar por ella. Vimos un video de Abigail jugando con su amiga y él comenzó a llorar histéricamente, diciendo continuamente: "La quiero de vuelta". Esto fue difícil para mí porque ya había estado allí y estaba en un lugar mejor ahora, pero yo decidí comenzar de nuevo por él. Vimos una grabación de su funeral, hablamos más sobre nuestros sentimientos y lloramos juntos. Esto nos ayudó a ambos a estar en la misma página.

Las cosas estaban mejorando. Johnny comenzó la terapia para aumentar su independencia. El objetivo era que él volviera a caminar. Todo lo que teníamos que hacer era mantener nuestros ojos en el Señor y Él haría lo que mejor hace. Él es Dios, no nosotros.

La familia Amos

Estoy agradecida por los muchos días y noches en que la familia Amos vino a nuestro rescate. Hubo momentos en que todos mis hijos estaban enfermos y Chris se hizo cargo de Johnny.

En otras ocasiones Ronda me llevó a descansar y recuperarme. Regularmente, nuestras dos familias cenaron juntas para unirnos como una gran familia. Ellos son mi sistema de apoyo. No podría haberlo hecho sin ellos.

Tenemos muchos amigos que nos ayudaron en el camino. La familia Vásquez está muy agradecida con todos ellos. Vimos el amor de Dios a través de su apoyo. Ellos son las manos y los pies de Jesús.

Ivette Vásquez

Creer por un hogar

Desde que perdimos nuestro hogar estábamos creyendo por una nueva casa. Cada mañana, oraba con mis hijos en el camino a la escuela. Nuestra petición al Señor maduraría con el tiempo.

Al principio oramos, "Dios, necesitamos un hogar para llamarlo nuestro. Sabemos que lo hará posible para nosotros." Fue una oración simple para que mis hijos entendieran. Después de un tiempo, querían profundizar.

Entonces soñamos con lo que queríamos por dentro y por fuera. Pensamos en algunos barrios en los que queríamos vivir. Tenía recortes de diferentes decoraciones, colores y muebles que compraríamos, sin límites. Tenía que haber espacio para que Johnny maniobrara en su silla de ruedas. Guardé notas de todo lo que queríamos para la casa. Queríamos espacio limpio, simple y suficiente para las cosas que realmente necesitábamos en el hogar. Nuestra nueva perspectiva de la vida era "menos, es más."

Finalmente, dejamos de preguntar y comenzamos a agradecer al Señor. Estuvimos orando por alrededor de un año. Alrededor de marzo de 2015 sentí en mi corazón que Dios había respondido a nuestra petición a pesar de que no teníamos nada. Fue una paz que superó mi comprensión.

Conferencia de Mujeres *Arise* 2015

Cada año mi iglesia tiene un evento para mujeres llamado Conferencia de mujeres Arise. Tienen excelentes predicadores de todo el mundo para inspirar a las más de dos mil mujeres que asisten. Este año no sería diferente.

Antes de su muerte, Abigail esperaba este evento donde tomábamos fotografías en el fotomatón, salíamos con nuestras amigas y crecíamos espiritualmente juntas. Extraño esos momentos con mi hija.

Aproximadamente un mes antes del evento la iglesia quería que su equipo de medios hiciera un video de mí expresando lo que sucedió el día del accidente. Dijeron que, si había tiempo, se mostraría durante la conferencia. Estaba emocionada de compartir mi experiencia con las mujeres que vendrían al evento.

El anfitrión de la conferencia de ese año fue el Pastor Eugene Reiszner. Él es un pastor líder en una de nuestras iglesias y uno de nuestros favoritos. La conferencia duró tres días. Esperaba ansiosamente que el video se reprodujera en uno de esos días.

El último día pensé que no habría tiempo para ver el video. *Gorrón. De cualquier manera, sin embargo, me lo pasé genial.* Pero a la hora final dijeron que era hora de mostrar un video de una mujer que abrazó su camino de fe. ¡Era mi video!

Esta fue la primera vez que vi la versión final con la audiencia. Una vez que terminó, me llamaron al frente del escenario. ¿Qué está pasando? Era un desastre porque lloré mucho durante el video. Ahora tenía que caminar entre una multitud de personas animándome; fue tan abrumador. Me senté al lado de mi hermosa y amorosa esposa de pastor, Michelle Aranza. Ella me abrazó cuando el Pastor Eugene anunció que yo era la beneficiaria de la Fundación Arise 2015. Me presentaron un buzón y luego me dijeron: "¿Sabes dónde va un buzón? ¡Va delante de tu... nueva casa!" El lugar estaba electrificado con aplausos y lágrimas. Fue uno de los mejores momentos de mi vida.

Esta casa fue construida en honor de Abigail y solo para nosotros. Seríamos los primeros en vivir en esta casa completamente amueblada. Todo en nuestra lista de oración fue dado excepto por dos cosas. Me di cuenta de que no eran necesarias porque habrían agregado más tiempo para limpiar y mantener. ¡Mi Padre celestial es asombroso! Él conoce los deseos de mi corazón. Nadie sabía lo que estábamos buscando en un hogar o en el lugar donde queríamos vivir, pero Dios lo sabía, y eso era suficiente.

Hay poder en escribir tu visión, tus sueños y tus oraciones. Todo, desde la decoración hasta la ubicación, fue ordenado por Dios. Más tarde me dijeron que comenzaron a construirlo alrededor de marzo. Fue alrededor de la época en que sentí dar gracias a Dios por la oración contestada. Sirvo a un gran Dios.

Llamaron la construcción de nuestra casa Proyecto Abigail. Manuel Builders tomó la delantera y Greg Manuel se puso en contacto con muchos constructores locales que estaban interesados en unirse a ellos en esta misión. El tiempo y los materiales fueron donados por los contratistas y nuestra comunidad local. Los constructores que normalmente compiten por el trabajo se unieron para el desarrollo de nuestra casa.

Específicamente hicieron accesible la casa para Johnny con un gran baño, entradas de fácil acceso y grandes pasillos a nuestra habitación. El diseño de la casa se adaptó realmente a nuestras necesidades con la apariencia que cualquier familia adoraría. Siempre estaremos agradecidos por su generosidad y compasión.

Qué sigue

En junio de 2015 nos mudamos a nuestro nuevo hogar en una excelente ubicación y con las mejores escuelas alrededor. Mis hijos pudieron ingresar todos a la misma escuela cerca de nuestra casa.

Antes de la mudanza me llevaba más de noventa minutos dejar a mis hijos en diferentes escuelas y regresar a casa. Ahora llegaría a casa en menos de treinta minutos. Dios me dio más tiempo para mí y con mi familia. Tenemos un vecindario increíble. Todos fueron muy amables y nos trajeron regalos de bienvenida. Era como si el Señor dijera: "Bienvenido a casa."

Johnny comenzó a practicar cómo pararse. Fue a terapia regularmente a través del soporte VA. Hizo tanto progreso. Se necesitó tiempo, paciencia, amor y comprensión para llevarnos hasta aquí. Puedo ver la mano de Dios en todos estos años. Él me ha dado los deseos de mi corazón, incluso a las cosas más pequeñas que nadie conocía.

Ahora pregunto: "¿Qué sigue?" Todo está bien. Tengo ayuda con Johnny y mis hijos. Nuestros días fluyen muy bien. Johnny está mucho mejor que antes de llegar a casa por primera vez. Te diré lo que sigue. Necesito estar quieta y saber que Él es Dios. Estoy esperando mi milagro para ver a Johnny caminando de nuevo.

Voy a escribir más libros. Ahora eso es gracioso para mí porque nunca soñé con escribir. Abigail iba a ser la autora de la casa. Ella escribió muchas cosas, desde poemas hasta cuentos cortos. Pasó el testigo a su madre, y aquí estoy escribiendo nuestra historia para ti.

He hecho todo lo que tenía que hacer por mi familia. Todo está funcionando. Es hora de sentarme, estar quieta y esperar a mi Padre. El profeta dijo que Dios hará lo imposible para ambos. Me estoy aferrando a sus promesas.

Louisiana es mi hogar

Estamos listos para cualquier cambio que el Señor pueda traer, pero en nuestros corazones, Louisiana siempre será nuestro hogar. Tengo una confesión: cuando era niña, no me gustaba nada aquí. Mi padrastro tuvo órdenes militares de mudarse cerca de Leesville, Louisiana. Era aburrido y el clima húmedo era terrible. Planeé mudarme a otro estado cuando fuera mayor. Esa sensación no cambió después de casarme.

Johnny y yo vivimos en Corea del Sur durante más de un año durante su gira militar. Al principio, recibió órdenes para ir a Fort Hood, Texas. Estábamos emocionados de vivir en una gran ciudad y experimentar todo lo que tenía para ofrecer, pero eso fue de corta duración.

Como Johnny solicitó quedarse más tiempo en Corea, cambiaron sus pedidos para Fort Polk, Louisiana. *¡Oh no! No quiero volver allí. Al menos* *estaremos cerca de mi familia, pero pronto Johnny se sale del ejército y nos trasladará a Lafayette.*

Vivir en Lafayette cambió mi perspectiva, pero me tomó un tiempo. Aquí hay personas bastante increíbles, como mi amiga Jackie. Cuando le dije: "No puedo esperar para moverme, porque el Señor nos llamó a las naciones", ella simplemente respondió con una sonrisa, "cuando comiences a amar a Louisiana, es cuando él te moverá a tu destino." Nunca lo había pensado así, pero ella tenía razón.

Ocho años después de nuestra conversación, me enamoré de la comunidad en el sur de Louisiana. La gente de aquí honestamente se cuida el uno al otro. Hemos pasado por algunos huracanes e inundaciones difíciles. Cada vez, nos levantamos y nos ayudamos unos a otros.

A nadie le gusta atravesar una tormenta que cause una gran devastación, pero hay belleza en ella. Viene de personas que se preocupan tanto por sus vecinos para ayudar a aliviar el dolor.

Recientemente, el 12 de agosto de 2016, sufrimos una tormenta sin nombre con daños de huracanes. Más de cuarenta mil viviendas se inundaron y la mayoría perdió todo lo que poseían. Incluso evacuamos y nos mudamos cuatro veces tratando de estar a salvo. Las aguas de inundación se acercaron a nuestra casa, pero permaneció seca por dentro.

Una vez que las aguas retrocedieron, todos entraron en acción. Mi iglesia nos revisó para asegurarse de que estábamos bien. Rápidamente desarrollaron un sistema para ayudar reconstruyendo casas, preparando comidas y proveyendo suministros. Todas las iglesias, escuelas, negocios y el público en general se unieron para ayudar a sus semejantes. Esta es la forma en que debería ser en cada comunidad en el mundo.

Es por eso por lo que amo aquí. Incluso cuando comience a viajar por todo el mundo, siempre regresaré a casa en Louisiana. Este es el lugar donde conocí y me casé con Johnny; es donde di a luz a todos mis hijos y donde murió mi hija. *La extraño muchísimo.* Pero es mi fe, la familia de mi iglesia y mi comunidad lo que me ayudó a encontrar la belleza... la belleza en la tormenta.

El poema de Abigail

Este es el poema que salió de mi diario de oración. En honor a mi hija, no hice ninguna corrección o traducción. Oro para que te bendiga de la manera que me bendijo.

BE LIKE THE TREE
by Abigail Vasquez

I want to be like a tree, where my roots grow down deep. I can never be pulled out of the ground and sold. Therefore, I must be planted with faith, kindness, love (etc.), so that I may grow strong in you; so I may have everlasting life. During the storms of life, I may bend, but I will surely not break, for you allowed these storms to come so I may become stronger, and wiser, and my roots will grow down deeper in you. When the enemy comes, I know that NO WEAPON FORMED AGAINST ME WILL PROSPER. The reason you said we would flourish like trees, is because you knew we would go through difficult times. With you on my side I learned that nothing can hold me back. In the end I want to grow beautiful fruits, to show that you are beautiful in me.

Fotos de Familia

Nos casamos Noviembre 17, 1996

Nuestra Dulce Abigail

Navidad 2012 Nuestra ultima foto con Abigail y Legend en mi vientre

Nuestro 17 Anniversario en Slidell

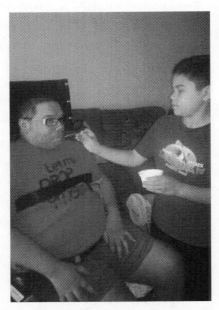

Elias ayudando a su papa a comer

Zoeí empuja a su papa alrededor

Chris y Ronda Amos con nosotros

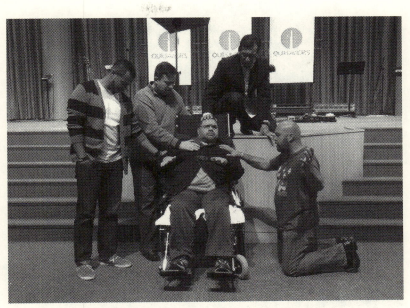

Primer dia de Johnny atras a la Iglesia Nov 2013

Primer dia en nuestro nuevo hogar Junio 12, 2015

Nuestra foto familiar en el dia de la Independencia 2016

Epílogo

No sé a qué desafíos te enfrentas, pero sé que no es necesario que te lo tragues en soledad. Durante los momentos más difíciles de mi vida, encontré esperanza. No me di por vencida, porque elegí confiar en Dios. Tienes que creer que este no es el final, porque no lo es.

La vida avanzará. Tienes que creer en la bondad de las personas que te darán un hombro para llorar. Tienes que creer que Dios tiene un plan para ti. El tiempo no te cura, sino lo que le permites a Dios que haga con el tiempo. Acepta tu viaje y traerá sanidad.

Tomé la decisión en mi juventud de conocer a Dios, y no hubiera podido llegar tan lejos en la vida sin él. Renuncia a intentar hacerlo por tu cuenta y entrega tu vida a Dios. Renuncia a tratar de ser solitario y construye relaciones amorosas y verdaderas.

Nunca fue la intención de vivir esta vida por nuestra cuenta. Encuentra una buena iglesia que crea en la Biblia y conoce a otros cristianos para ayudarlos a crecer en la fe. No solo te presentes a la iglesia; involúcrate para impactar en tu comunidad.

No sé dónde estaría sin el apoyo de mi familia y comunidad espiritual.

Hoy te animo a que conozcas a Dios de una manera íntima. Dios entiende nuestro dolor porque su hijo, Jesús, murió por nosotros en la cruz. A través de Su muerte, la pena del pecado fue pagada en su totalidad. El pecado nos separa de Dios, pero podemos acercarnos a Él a través de Jesús. Te animo a que lo aceptes como tu Salvador y Señor.

Repite esta oración:

Querido Padre celestial, quiero conocerte más de una manera íntima. Te pido que me perdones mis pecados. Te entrego mi vida. Deja que tu Espíritu Santo permanezca en mi corazón. Gracias por el sacrificio que Jesús hizo por mí. En el nombre de Jesús, Amén.

Reconocimiento

Primero, me gustaría agradecer a mi Padre celestial por mostrarme la belleza en la tormenta. Él ha estado conmigo a través de este viaje de dolor. Sus sueños son grandes para mí. Estoy consciente de que no soy yo sino Cristo en mí. Por la gracia de Dios, soy lo que soy.

Para mi amado esposo, Johnny, nunca me iré de tu lado, y continuaremos luchando juntos contra viento y marea. Yo creo en ti y en nosotros. Has sido muy útil en la preparación de este libro y espero con interés los muchos proyectos en los que trabajaremos.

Un agradecimiento especial a mis hijos. Elías, estoy orgulloso del hombre en el que te estás convirtiendo. Zoeí, eres mi pequeña princesa y guerrera de oración. Legend, me diste la fuerza y la alegría extra que necesitaba en mi vida. Todos ustedes son un equipo increíble. Me encanta ser su mamá.

Estoy verdaderamente agradecida de aquellos que me ayudaron con este libro, a todos los que me apoyaron, hablaron, leyeron, me permitieron citar sus comentarios, me ayudaron en la corrección de pruebas y me han acompañado a lo largo de los años.

Gracias a mi iglesia y a nuestra comunidad por ser las manos y los pies de Jesús a través de nuestras pruebas y tribulaciones.

Por favor comparte

Estás invitado a compartir *Belleza en la Tormenta*.

- Entrega este libro como un regalo a tu familia y amigos.
- Déjanos saber cómo te cambió esta historia.
- Proporciona copias del libro a las personas que necesitan aliento e inspiración.
- Tu organización puede solicitar a la autora como hablante.
- Considera configurar un grupo para que se reúna a discutir el libro.

Mantente al día con nosotros visitando mi página de Instagram, nuestra página de Facebook y nuestro sitio web para obtener actualizaciones sobre el progreso de Johnny y otros libros venideros.

Medios de comunicación social:

- instagram.com/s.ivette.vasquez
- facebook.com/AbigailMyHero.Org

Para obtener más información visita
www.AbigailMyHero.org

Printed in the United States
By Bookmasters